高职

武术

健身与防卫

◎主 编 徐培文 杨建英

◎副主编 吴 剑 王文明 章永健 张杏波

ZHEJIANG UNIVERSITY PRESS
浙江大学出版社

前　　言

　　《国家中长期教育改革和发展规划纲要》(2010—2020)指出,"职业教育要面向人人、面向社会,着力培养学生的职业道德、职业技能和就业、创业能力"。作为非专业课程的体育课程应如何适应现代社会对高职教育的需求,开设具有高职特色的课程成为高职体育工作者思考的问题。目前已有的各类武术教材,多针对本科高等教育编写,一般都以纯武术理论和技术为主,与培养社会适应能力结合得不多,按照高等职业学生的职业特点进行编写的教材至今还未见出版。因此,本教材打破原有的以武术技术体系为主线的编写思路,针对高职体育课程特点,将武术与高职学生的职业需求相结合为编写主线,体现不同职业方向对武术的需求。

　　本教材以高职教育本质属性即职业性为导向,将体育课程与高职学生职业特点相结合,以武术健身与防身技术为价值体系,以武术技击动作和武术健身方法为基本素材,结合实际防身自卫需求,使学生做到科学地锻炼身体、有效地进行自我安全防卫。该书的编写初衷是使学生在社会中面对危险情况,特别是犯罪分子正在实施侵害的紧迫情况下,能够运用防身技术进行自我防卫,保护自我人身安全,同时也贯穿了科学的健身理念与健身方法,使学生在提高防卫能力的同时,能够将健身理念贯彻终生,树立终身体育观,做到科学健身。

　　本教材共分上、下两篇,上篇主要以职业人的武术健身的应用为主,共分五章:

　　第一章　首先介绍武术的发展历程与目前的发展状况,进而分析武术的三大主体价值——艺术表现、健身、防身。高职学生为非体育专业类学生,对于武术的学习重在应用,因此本文选取武术的健身、防身作为高职学生武术学习的主旨。

　　第二章　世界卫生组织提出新世纪健康新概念,即身体健康、心理健康、良好的社会适应能力。针对职业人员的全面健康理念,我们围绕健康新概念的三个部分来写,本章共分三节:武术与职业人身体健康、武术与职业人心理健康、武术与职业人社会适应能力。

　　第三章　武术健身的一般方法,共分为三部分:武术健身的基本动作和基本功、职业人不同身体部位的武术健身方法。第一部分介绍武术的基本功,基本健身方法;第二部分针对职业人员不同的身体部位编写的健身方法;第三部分,针对所有的职业人员应具备良好的心态以及沉稳的性格,编写了太极健身操。

　　第四章　不同职业人员的健身方法,针对高职不同专业的学生将来所要从事的不同职业特点,编写了相应的健身方法。本章共分五节:职业人员必备的身体素质、办公人员的武术健身方法、技术工人的武术健身方法、力量阳刚型职业人员的健身方法、酒店管理等礼仪性职业人员的健身方法。

第五章 运动中损伤的急救及预防,分为一般性损伤的处理方法和武术防卫技术训练中常见的损伤处理及其预防。

下篇主要以职业人的武术防卫为主,共分五章:

第六章 人体要害部位与安全防卫原则。武术的攻防不是蛮打硬拼,武术技术重在技巧,遭遇危险时及时准确地攻击敌人要害部位会使安全防卫事半功倍。在分析人体要害部位的同时,讲解了武术的安全防卫技术特点与实用原则,如拳法和腿法顺势化力,借力发力;摔法如何使对方身体重心失控,擒拿如何反擒关节,拿筋错骨,击打要害。关于正当防卫等安全防卫原则主要讲解我国刑法关于正当防卫的规定及正当防卫权的运用、正当防卫的条件、对危及人身安全的暴力犯罪如何采取正当防卫以及我国法律对正当防卫的相关法律常识。

第七章 职业人安全防卫必备的基本技术及其训练,主要讲解武术攻防必备的完整系统的基本技术及其训练方法,包括基本格斗姿势与基本步法、基本拳法、基本腿法、基本摔法、擒拿基本技术、防守基本技术、武术安全防卫基本技术强化训练几部分。

第八章 职业人安全防卫技术在生活中的应用。重在讲解生活实践中遭遇危险情况时武术攻防技术的实际运用,包括武术安全防卫技术特点与防卫原则、遭遇危险时面对徒手歹徒的技术应用和面对手持器械歹徒的技术运用以及特殊危险情况下的防身技巧,最后讲解了生活中如何随手取物作为与歹徒搏斗的武器。

第九章 职业人员必备的安全防卫战术,首先重在培养学生的安全防御心理与安全防御意识,增加学生的防御信心和战术技巧,为避免因防卫过当而造成不必要的人身安全隐患。

第十章 不同职业人员的安全防卫常识,是高职学生步入社会结合自己的职业特色必备的职业安全常识。本章分别对财会人员、机关办公室人员、酒店等服务人员等特殊职业的安全防卫常识进行讲解,使学生课堂所学知识成为将来的职业所需。

本书是2010年浙江省教育厅组织的省高等学校高职高专重点建设教材,由浙江省高校从事多年武术教学的专家编写而成,本书在广泛听取专家意见和调查部分高职院校师生对于武术教学需求的基础上编写而成。在编写中得到了有关领导和部门及全省部分高校体育部(室)同仁的热心指导与帮助,也得到了胡红云、马在新、赵刚波、戴琴峰、金春晓和杨洋老师对本书中技术动作拍摄工作的支持,在此,我们表示衷心的谢意。在本教材中没有一一标明的论著作者及出处,我们在此深表歉意,同样深表感谢!

我们衷心地希望广大师生和专家能对本教材提出宝贵的意见,以便我们今后对教材进行修订,并逐步加以完善和提高。(编者联系方式:E-mail:464803367@qq.com.cn)

编 者

2012 年 1 月

目　录

上篇　武术健身

下篇　武术安全防卫

上篇 武术健身

第一章　武术基本理论

第一节　武术运动的起源与发展

武术是以技击为主要内容，以套路、搏斗和功法为主要运动形式的中国传统体育项目。它既具有强身健体的功效，又具有防身自卫的价值，而且能丰富现代人们的文化生活，更重要的是它能作为一种传统文化的典范进行民族传统教育，因此它既是当前学校实施素质教育的理想手段，也是全民健身的重要内容。

武术起源于人类的生存自卫斗争，伴随着人类的产生而萌芽，随着人类社会的演进而发展。先秦时期，武术受文化百家争鸣影响，初具雏形。如《吴越春秋》有关于越女论剑的"凡手战之道，内实精神，外示安仪，见之似好妇，夺之似惧虎"，以及《庄子·说剑》中"夫为剑者，示之以虚，开之以利，后之以发，先之以至"的记述，反映了当时的技击已经具有了中国武术"以巧斗力"的特点。秦汉时期，盛行角抵、手搏、击剑。角抵、手搏与现在的摔跤和散打较为相似，是"两两相当，角力、角技艺"的个体性徒手搏斗之技。三国时期，曹丕的《典论·自序》中记载了他与邓展折蔗为剑，进行比试的情形。这种不伤害对方、单纯验证技艺的比试与近现代的短兵比赛类似。两晋南北朝时期，中国各民族的大融合促进了各民族武技的融合，佛教、道教的迅速发展为武术与其结缘提供了基础。隋唐两代都改革了原有的府兵制，并十分重视对府兵的训练。新的军事建制的采用必然会对整个社会的习武之风产生广泛影响，特别是从唐朝开始为选拔军事人才而实行的武举制，为一般百姓提供了一个能凭个人武艺能力晋升仕途的机会，从而对社会习武之风起到了极大的推动作用。两宋时期，几个政权长期对峙，民族矛盾和社会矛盾错综复杂，战争频繁，因此统治阶级十分注重军事武备，从而推动了武术活动的发展。但是，由于从这一时期起统治阶级提倡儒业理学远甚于武备，因此，从总的社会大环境而言，重文轻武之风盛行，尚武精神在主流社会普遍失落而转入下层民众社会中。这个时期在城市勾栏瓦舍的武术表演中出现了打套子，类似于现在的武术套路，套子武术的出现是古代武术发展趋于成熟的一个显著标志。元代是统治阶级禁止民间特别是汉人习武最严厉的一个朝代，两宋时期虽然也几次下发禁武令，但远远没有元代的严厉禁武对武术造成的影响之大。武术的许多内容不得不转移到当时兴盛的百戏中发展，这在一定程度上使武术朝花式表演的方向发展。

明清时期是中国武术大发展的时期，主要表现在：各种拳种大量涌现，门派林立，武术逐渐成为一个庞大的运动技术体系；武术开始借鉴吸收气功的一些内容，促使其逐渐成为一门内外兼修之术;许多武术拳种开始运用中国传统哲学来阐释拳理,使得武术逐渐成为中国传统文化的一个子系统;《武编》、《纪效新书》、《阵记》、《武备志》,以及《剑经》、《耕余剩技》、《手臂录》、《内家拳法》、《苌氏武技书》、《太极拳论》、《拳经拳法备要》等与武术极其相关的兵书和武术专业论著,极大地丰富了武术理论,使武术理论体系逐步得到完善。明清时期,将太极、五行、八卦等思想内容比较全面系统地引入武术。

如太极拳不仅以太极命名,处处道阴阳,而且将五行、八卦融入了技术,形成太极十三势。清代王宗岳的《太极拳论》也是中国古典哲学与武术结合的较完美的范例,它用传统哲学的思想将太极拳论述得精彩至极。还有许多拳种,如形意、八卦等,都与传统哲学有千丝万缕的联系。因此,武术不仅是一门技术,更是一种文化。如果说明清以前有关武术的理论著作凤毛麟角的话,那么明清时期则雨后春笋般涌现,较为著名的就有《武编》、《纪效新书》、《耕余剩技》、《内家拳法》、《手臂录》。至此,武术已经发展成为一个技理完善的运动体系。明清时期,无论从丰富的拳种流派方面,还是全面的技法理论方面,都无不表明武术发展到了鼎盛时期。

民国时期,西方体育的大量涌入给中国武术以巨大的影响和冲击,传统观念与新体育观念的争论使中国武术发生了第一次革命,以致民间武术逐渐从农村走向城市,从江湖迈入学堂,从拳场跨入竞技赛场,由封闭式的门派单传,发展到面向大众,集体教学,并逐渐向近代体育的方向靠拢。民国初期,为振奋国民的尚武精神,革命党人把目光投向武术,武术的精神、教育价值的存在使武术再度崛起。维新派领袖梁启超、著名教育家徐一冰、革命的先行者孙中山等都在不同场合倡导通过武术振奋国民的尚武精神,武术成为军队和学堂中的教育内容之一。以精武体育会为首的形形色色的民间武术社团组织蓬勃发展,武术发展的重心也由农村转移到了城市,同学校武术一样,面向社会大众,集体教学,极大地促进了武术的普及与传播。在东西体育的碰撞中,武术也开始演进转型,其体育价值渐渐得到了人们的重视,进而逐渐取代了实用技击价值而成为其主要价值。"土洋体育"的争论以及武术竞技活动的广泛开展使武术界某些原本披着神秘外衣的门派渐露真实面目,武术开始了科学化的征程。1936年,中央国术馆曾选派11名武术队员随同中国体育代表团赴柏林第十一届奥运会参加表演,队员们精湛的技艺受到了热烈的欢迎。这既是武术向体育靠拢的实证,也是近代中国武术走向世界较有影响的一次伟大尝试。

新中国成立初,朱德、贺龙、刘少奇等老一辈领导人都积极倡导发展武术,极大地促进了武术发展。1952年刚成立的国家体委,设置专门机构——民族体育形式研究会,对武术的发展实行科学地指导和管理,这标志着武术被正式列入体育范畴,成为社会主义体育事业的一部分。1953年11月8—12日,在天津举行的全国民族体育表演及竞赛大会,武术作为主要内容,有145名运动员参加了包括各种拳术、器械及散手、短兵在内的332个项目的表演及竞赛,展现了传统武术的最高水平,受到了人民群众的极大关注,积极推动了武术发展。此后一段时间内,由于复杂的政治环境和其他原因,武术对抗性运动被取消,从此,武术被引向突出艺术美和健身的方向。这使得以艺术表现为主要特色的武术套路和以杨式太极拳为代表的太极拳套路蓬勃发展起来。1956年,武术被列为体育竞赛项目,11月1—7日,在北京举行了12单位武术套路表演大会,这是武术作为体育运动项目走向正式比赛的开端。1958 年 9 月,中国武术协会成立。1959 年国家体委正式批准施行新中国成立以来第一个《武术竞赛规则》,并将武术列为第一届全国运动会竞赛项目。60 年代初期,国家体委正式提出了"难度大、质量高、形象美"的武术技术发展方向,这样武术逐渐作为一个正式的竞技体育项目发展起来。"文革"时期,武术竞技受到一定的挫折,但随后却以前所未有之势迅猛发展起来。武术对抗运动自 1979 年开始试点,到 1989 年,散打被列为正式比赛项目。90 年代经过一系列技术规范、竞赛规则、竞赛制度等方面的改革,到现在已发展成一个成熟的竞技项目,特别是从 20 世纪末开展的"散打王争霸赛"、中国武术与美国拳击的对抗赛,中国武术与泰拳的对抗赛、中法散打对抗赛、中日对抗赛等一系列赛事的商业化运作,极大地催化了武术散打的发展,也将武术竞技发展推向一个新的高潮。另外,全国武术锦标赛、全运会武术比赛、亚运会武术比赛、亚洲武术锦标赛、世界武术锦标赛等一系列赛事不仅有效地促进了武术竞技的蓬勃发展,更把中国武术推向了世界。1957 年,一些体育院校和师范院校体育系把武术列为教育课程。从此,武术逐步被全国大、中、小学体育课列为教学内容。从 1984 年国务院正式批准武术硕士学位授予权到 1997 年在上海体育学院我国第一个武术博士授予点的诞生,以及几届武术论文报告会的举行,使武术一步一步向科学化的方向迈进,武术真正成为现代体育大家庭中十分重要的一员。1960 年,中国青年武术代表队随中国体育代表团赴捷克斯洛伐克表演,揭开了建国后武术对外交流的序幕。文革后半期,中国武术队频频出访,其足迹遍及欧、亚、非、美几大洲的广大区域,极大扩展了中国武术的影响,为武术走向世界奠定了基础。1984 年,在武汉举行了国际太极拳邀请赛,为武术走向世界创造了一个良好开端。1985 年 8 月,在西安又举行了第一届国际武术邀请赛,加速了武术走向世界的进程。1987 年第一届亚洲武术锦标赛在日本举行,1990 年武术正式列入亚运会比赛项目,1990 年 10 月,国际武术联合会在北京成立,接着各洲际武术组织纷纷成立,1991 年 10 月在北京举行了第一届世界武术锦标赛。以上这些都标志着武术正式进入世界竞技体育比赛行列。1999 年 6 月 20 日,在汉城举行的第 109 次国际奥委会会议,决定承认国际武术联合会,这是中国武术走向世界的一个重要里程碑。随着北京申办 2008 年奥运会的成功,竞技武术正大步迈向奥林匹克运动的神圣殿堂。

新中国成立后,新的社会环境使武术得到了前所未有的发展,作为社会主义体育事业的一部分,其目的、地位、性质和作用也发生了很大的变化。首先,武术被正式列入了现代体育范畴,沿着现代体育的方向前进。其次,受新中国成立后特殊的政治环境影响,武术发展的主体经过一个从量变到质变的过程,由历来主要强调的技击功能,转向了艺术表现和健身等功能,从而促使了武术的多元化发展。再次,武术逐渐冲出亚洲,走向世界,作为中国传统文化的一种表现形式受到越来越多的外国朋友青睐,使它不仅仅成为中国的传家宝,而且成为整个世界的文化遗产。

第二节 武术运动的特点、分类及其相应价值体系

一、武术运动的特点

武术在长期的历史演变中,逐渐形成了自己的运动规律和特点,它以独特的技术风格和内涵享誉于世。

1. 鲜明的民族技击性

武术最初作为军事技术和训练手段,与古代战争紧密相连,其技击特性是显而易见的。在实用中,其目的在于杀伤、制服对方,它常常以最有效的技击方式,迫使对方失去反抗能力,这些技击术至今仍在军队、公安中被采用。

当前的搏斗运动集中体现了武术攻防搏斗的特点,在技术上与实用技击基本一致,但作为体育项目,它受到竞赛规则的制约,以不致死、致伤、致残对方为原则。如在散手中对有些传统的实用技击方法作了限制,而且严格规定了禁击打部位和保护护具,短兵中使用的器具也作了相应的变化,推手则在特殊的规则下进行安全地竞技对抗。因此,可以说当今的武术搏斗运动虽然与实用技击有所区别,但也具有很强的攻防技击性。

套路运动是中国武术中一个极具特色的运动形式,不少动作在技术规格、运动幅度等方面与原形动作有所变化,而动作方法却仍然保留了技击的特性。虽然因连结贯串及演练技巧上的需要,穿插了一些不具有攻防技击意义的动作,但是,就整体技术而言,仍然是以踢、打、摔、拿、击、刺等技击动作为主。它的攻防技击特性是通过一招一式来表现的,汇集百家,它的技击方法是极其丰富的,在散手、短兵中不宜采用的技术方法,在套路运动中仍有所体现。

总之,武术作为体育运动,技术上仍不失攻防技击特性,而是将技击寓于搏斗运动与套路运动之中。

2. 内外合一、形神兼备的民族风格

既究形体规范,求精神传意、内外合一的整体观,又融入民族文化精髓,是中国武术的一大特色。所谓内,指心、神、意等心智活动和气息的运行;所谓外,即手眼身步等形体活动。内与外、形与神是相互联系统一的整体。

武术"内外合一,形神兼备"的特点主要通过武术功法和技法来体现。"内练精气神,外练筋骨皮"是各家各派练功的准则,如太极拳主张身心合修,要求"以心行气,以气运身",形意讲究"内三合,外三合",少林拳也要求精、力、气、骨、神内外兼修。此外武术套路在技术上往往要求把内在精气神与外部形体动作紧密相合,完整一气,做到"心动形随","形断意连","势断气连"。以"手眼身法步,精神气力功"八法的变化来锻炼身心。这一特点反映了中国武术作为一种文化形式在长期的历史演进中备受中国古代哲学、医学、美学等方面的渗透和影响,形成了独具民族风格的练功方法和运动形式。

3.广泛适应性

武术的练习形式、内容丰富多样，有竞技对抗性的散手、推手、短兵，有适合演练的各种拳术、器械和对练，还有与其相适应的各种练功方法。不同的拳种和器械有不同的动作结构、技术要求、运动风格和运动量，分别适应人们不同的年龄结构、性别和体质的需求，人们可以根据自己的条件和兴趣爱好进行选择练习。同时，它对场地、器材的要求及对环境条件的要求极低，俗称"拳打卧牛之地"，练习者可以根据场地的大小变换练习内容和方式，即使一时没有器械，也可以徒手练拳、练功。一年四季，可"冬练三九，夏练三伏"，几乎不受时间、季节的限制，较之不少体育运动项目，具有更为广泛的适应性。武术能在民间历久不衰，与这一特点不无关系，利用这一特点可以为高校群体性体育活动的全面开展提供方便，也能为全民健身作出更大的贡献。

二、武术运动的分类

(一)按武术运动形式进行分类

武术内容博大精深，形式丰富多样，流传至今具有完整体系的拳种就有 129 个，按其运动形式分为套路运动、搏斗运动。

1.套路运动

套路运动是以踢、打、摔、拿、击、刺等攻防动作作为素材，遵守攻守进退、动静疾徐、刚柔虚实等矛盾运动的变化规律编成的整套练习形式。主要内容包括单练、对练、集体项目。传统武术套路和当前竞技武术套路有明显区别，当前竞技场上的套路运动是经过艺术加工的，注重难、美、新的形体表现类体育运动形式，包括单练、对练、集体演练。

(1)单练是单人练习的套路运动形式。现在的各种武术套路竞赛活动以单练为主，它又有徒手练习和持械练习之分。徒手套路以长拳、南拳、太极拳为主，还有形意拳、八卦掌、八极拳、劈挂拳、翻子拳、通背拳、地躺拳、象形拳等。持械套路有单器械类，如刀、枪、剑、棍、大刀、仆刀等；双器械类，如双刀、双剑、双钩、双鞭等；软器械类，如单鞭、三节棍、绳镖、流星锤等。

(2)对练是指两人或两人以上，按照一定的程式进行的攻防假设性练习形式。它包括徒手对练、持械对练、徒手与器械对练三类。

(3)集体项目是多人集体进行的徒手、器械、徒手与器械的演练。可以变换队形、图案，也可用音乐伴奏，在竞赛中通常要求六人以上，要求队形整齐，动作协调一致。

套路运动更侧重于武术的规格、精神、节奏、布局、难美、创新等方面，其主要功能不是技击，而更多的是展现具有攻防含义的动作刚健有为的艺术美和惊险动人的难度美。

2.搏斗运动

搏斗运动是在一定条件下，按一定的规则进行斗智较力的攻防性运动形式。现在武术竞赛中开展的主要是两人进行的对抗性活动，包括散打、太极推手、短兵、长兵等。

(1)散打是指两人按照一定的规则，使用踢、打、摔等技法制胜对方的竞技项目。

(2)太极推手是两人按一定的规则，使用太极拳中的掤、捋、挤、按、采、挒、肘、靠等技法，搭手对峙，通过粘、连、黏、随的形式，以肌肉感觉判断对方用力，从而借力发力，将对方推出,以决胜负的竞技项目。

（3）短兵是两人按一定的规则,手持一种特制的类似于刀剑的器械,使用武术短器械中的劈、砍、刺、崩、点、斩等方法来决胜负的竞技项目。

（4）长兵是两人按一定的规则,使用一种特制的类似于枪棍的器械,利用武术长器械中的劈、崩、挑、砸、拦、拿、扎、点等技法来决胜负的竞技项目。

搏斗运动更侧重于武术动作的力法、身法、步法及技击方法,主要讲技击搏斗,注重其攻防格斗技能。

（二）按价值功能的主导因素分类

按价值功能的主导因素可分为攻防技击武术、艺术表现武术和健身养生武术。因为其性质和表现功能的不同,能分别满足人们的不同需要。

攻防技击武术在历史上一直是中国武术的主体,它一直作为个体和集团的防卫手段而存在和发展。在当今社会它虽然作为集团防卫的功能已不复存在,但作为个体防卫的手段,在很长一段时期内仍将发挥重要作用。有资料表明现在各种行凶、抢劫的犯罪中,持枪作案仍占小比例,更多的是持刀械或徒手。所以,攻防技击类武术仍是人们防身自卫的首选方式。发展到现在,既包括以一招制敌为特征的军警武术,也包括广泛流传于民间的武术中技击性强的武术套路及各种攻防对抗形式的武术,还包括现代竞技体育比赛中的简单易学、短期速成的武术散打。

艺术表现武术在历史上往往被人们称为"花拳绣腿"或江湖卖艺的把势;发展到现在既包括现代竞技武术套路及近年来从传统的武术发展起来的形意拳、八卦掌、通背拳、象形拳等的竞赛套路,也包括挖掘整理出的传统武术中富有艺术表演性的武术。艺术表现武术更侧重于武术的规格、精神、节奏、布局、难美、创新等方面,其主要功能不是技击,而更多的是展现具有攻防含义的动作刚健有为的艺术美和惊险动人的难度美。

在历史上健身养生武术主要包括一些与养生、导引、气功结合的以健身养生为主要目的武术;发展到现在既包括各拳种修身养性的功法,也包括各拳种中以健身为目的而编排的套路及以活动肢体为目的的对抗性活动,包括太极拳、太极推手。

本书主要侧重武术的健身与攻防价值,服务、服从于高职学生专业培养目标,使学生掌握健身与防卫技能,服务于将来的职业需求。

思考题

1. 简述武术的发展历程。

2. 武术按运动形式如何分类,武术按价值功能的主导因素如何进行分类? 武术防卫技术在两种分类方法中分别属于哪种类型?

第二章　武术健身理论

世界卫生组织提出："健康是人的生理、心理和社会的完满状态,而不仅仅是指无疾病或体弱的状态。"身体健康是指躯体健康、心理健康和具有良好的社会适应能力。本章主要讲解武术与人体健康的基本理论——武术与身体健康、武术与心理健康、武术与社会适应能力的关系。

身体健康是指生理健康、体魄强健、无疾病和体弱状态,即体重适宜、耳聪目明、牙齿完整、头发有光泽、肌肉丰满、皮肤弹性好。

心理健康是指一个人拥有健康的心理品质,包括智力发育正常、人格健全、有良好的心理承受能力和善于同别人交往等。智力发育正常表现在有良好的观察力、分析力、判断力、想象力、思维能力和实践能力。人格健全完整,自我意识清醒,有自知之明,能正确把握自己、支配自己,积极进取,对生活充满信心和希望。具有坚忍的意志和坚强的毅力,能控制不良情绪,克制不现实的欲望,保持稳定的心态,自制力和心理承受力好。能正确对待他人和社会。既有自信心,又善于同别人交往,有良好的人际关系。

良好的社会适应能力,主要是指人际关系,一个人能否积极和谐地与他人相处。社会是人的社会,人是社会的人,人是一切社会关系的总和。人生在世,谁也少不了与他人交往,交往是人们生活的基本需要,即"我为人人,人人为我"。一个人如果能够正确把握自己。并不断追求高水平的生活状态(包括物质生活状态和精神生活状态)、最大限度地发挥自己的潜能,为他人和社会做出贡献,这不仅使自己的物质生活,包括道德、文化、思想修养在内的精神生活水平不断地提高,而且也将全面增加自己的生理、心理和社会承受能力,形成一个健康的人生。所以,良好的社会适应能力是心理健康的表现和发展,心理健康是良好的社会适应能力的基础和条件。

第一节　武术与身体健康

武术作为一种健身手段,它和中国古代导引养生之术从理论到实际都有着密切的关系。调息运气、以气运身,气沉丹田、以气催力等都说明呼吸和动作的结合,不仅使动作完成得更加合理,而且通过呼吸增加了对内脏器官的锻炼。特别是太极拳,注重意识引导动作和呼吸的配合,可加强抑制过程、改善神经的均衡性,对一些慢性病有良好的体育疗效,武术和养生术的结合大大增强了武术的健身作用。同时武术动作有屈伸、跳跃、平衡、翻腾等,人体各部位几乎都参与运动,对肌肉、神经等系统都有很高的要求。实践证明,武术运动能使人的力量、速度、灵敏、柔韧等素质明显提高，身体机能水平得到改善。

一、传统项目太极、导引的健身作用

中国武术在传播和实践过程中，人们逐渐发现了它的健身作用，而后的 2000 多年中，中国武术的内家功——气功导引，就一直在为人类的养生健身服务。中华民族的祖先在 2500 年前所创立，并经历代医学家发展、丰富起来的经络学说，是中医辨证论治的基础，它与气功的关系极为密切。

古典经络学认为，经络以纵贯全身的"十二经脉"为主体，结合与十二经脉发生纵横联系的"奇经八脉"；从十二经脉分出，循行于腹里的"十二经别"，横行于十二经脉之间的"十五络脉"和无数的"络脉分支"，以及遍布全身的细小的"孙络"，构成一个统一的循环无端的网络体系。它纵横贯穿于人体的脏腑以至体表的皮肤、肌肉、筋骨和一切组织器官之间，成为人体气血、津液运行的通道，沟通表里、上下的信息传导系统。它的基本功能是"行血气营阴阳、濡筋骨、利关节"（《灵枢·本脏篇》）。使人体内的脏腑、体表的皮内筋骨和五官七窍得到营养，呼吸、循环、消化等各机能系统的功能得以协调进行，体内阴阳得以保持相对平衡。因而它是"人之所以生，病之所以成；人之所以治，病之所以起"（《灵枢·经脉篇》）的重要系统。它既调控人体的正常生理，也主宰人体的异常病理。

具有如此重要作用的经络系统，能否发挥其作用，决定它是否能畅通无阻，关键在于一个"通"字。古典经络学家强调，"经脉者，所以决死生、处百病、调虚实，不可不通"（《灵枢·经脉篇》）。经络不通，必然导致人体生理的疾病，甚至会导致死亡。因此，"通经活络"是我国传统医疗保健实践重要的指导原则；中医诊断所遵循的"八纲辨证"，用药所要求的"药物归经"，气功锻炼经气循经运行的大小周天功、静坐内养功等各种功法，归根到底，都是为了疏通经络，以求达到医疗保健的作用。而中国武术的气功、太极拳的练习都可以达到通经活络的目的。

太极拳和气功等内家拳都强调放松，即全身心放松，很明显，松而后能活，活而后能通，从而有助于通经活络。太极拳"一动无有不动"。它的整体性、全面性、协调性，有利于促进经脉脉气在遍布全身上下、内外的经络系统中运行。太极拳所特有的在放松的基础上圆润转动、阴阳交错的大小动作，能使经络的多层次、多功能、多形态的立体结构和经脉循行路线上 300 多个腧穴，受到广泛的、深层次的触动。可见，气功、太极拳的锻炼可以使经络渠道避免发生故障，保持通透通达，从而发挥经络系统调节、控制人体生命活动的重要功能，保持身体健康，防止或减少疾病的发生。

二、长拳类武术的健身作用

中国武术的外家拳也具有独特的健身功能。在战国时期，人们通过实践认识到运动是养生的最好方法。《荀子·天论篇》说："养备而时动，则天不能病。养略而动罕，则天不能使之全。"这里已有了较全面的养生观点。营养完备而又经常的活动，就是老天爷也不能使之病，营养不足而又不经常活动，就是老天爷也不能使之安全。《吕氏春秋·尽数篇》载："流水不腐，户枢不蠹，动也。形气亦然。形不动则精不流，精不流则气郁。"天地万物都在

运动,人体也需要运动。人体的外部运动能促进人体内部精、气的流动,从而增进健康,而武术锻炼便是这种人体的外部运动的最好形式。具体作用如下:

1.对运动系统的影响:人体成长与骨干和骨骺间骺软骨的生长、发育有关。武术运动可以促进人体新陈代谢机能良好发展,从而有利于骺软骨最大限度的骨化。系统的武术锻炼对运动器官有良好的影响。握力反映前臂和手的屈腕肌及屈指肌力量,它从另一个侧面说明体育锻炼对促进肌肉力量的作用。武术运动要求手腕有较大的力量,从而使手腕得到更大的锻炼。

2.对心血管系统的影响:安静时的脉搏和血压在一定程度上可以反映心脏的功能。有研究表明,武术练习者安静时脉搏较少,收缩压和舒张压都较低,这些都是经常参加武术锻炼对心脏血管系统良好影响的结果。安静时,脉搏次数低,在运动生理学中,称为"脉搏徐缓"。它说明一个人的心脏在单位时间内收缩次数较少,血液循环能保证人体机能活动的需要,心脏能得到较多的休息。收缩压和舒张压低,在运动生理学中称为"低血压"现象。这是血管运动的神经调节机能改善的一种反映。

3.对呼吸系统的影响:"外练筋骨皮,内练一口气",武术运动很讲究"运气"。凡是冲拳、扎抢一类攻击性动作,都要求呼气以助发力;凡是侧掳回带一类防护性动作,多要求缩身呼气;还有开吸合呼、起吸落呼等一系列的要求。这些要求完全符合呼吸运动的规律。据实验表明[1],就在初级长拳这种简单的套路练习后,呼吸频率每分钟可达 31~34 次,肺通气量每分钟 20~29 升。长拳套路静力性工作较多,强度大,时间又短,造成氧债百分值较大,达 70%~80%。氧债完全消除约需 8~9 分钟,这就是说呼吸系统机能增强的现象一直要持续 8~9 分钟才能恢复正常。其相对代谢率为 15.9~19.5,约相当于跑 5km 的强度。研究证明从事武术运动能提高呼吸系统机能,对呼吸系统是个良好的锻炼。

4.对神经系统的影响:武术运动中的任何拳种,都讲究六合(心与意合、意与气合、气与力合、手与足合、肘与膝合、肩与胯合)。这"六合"符合我们常说的内外协调一致的要求。这样的锻炼必然导致神经系统支配运动器官的能力提高,促使内脏器官和运动器官更趋协调。同时,某些拳种要求"动迅静定",一动就像闪电流星一样快速,静止定型,要像山岳一样安稳。做各种攻击性动作时要求快速爆发出一种"寸劲";发力结束,则要求马上放松。这些都需要中枢神经系统具有快速转换的能力。所以坚持武术锻炼的人必然能提高神经系统的灵活性。

5.通过武术锻炼引起的各器官系统的机能提高对学习和工作都有良好影响。运动系统机能的增强,使得体质健壮,肌肉发达。肌肉力量加大,机体就可承担较大的重量,可以挑起较重的东西,举起较重的物体,能坚持较长时间的学习和劳动。心脏血管系统和神经系统机能的改进,可以使机体高效率地完成繁重、紧张而又长时间的学习和劳动。因为机体所需要的氧气和营养物的供应以及代谢产物的排除,由于这三个系统功能的增强而得以改善。

---

① 文关明、赖乐宏编著:《青少年武术健身法》,岭南美术出版社 1986 年版,第 7 页。

第二节　武术与心理健康

学校体育课程的价值,不仅仅处于技术层面,还应注重学生的身心全面发展。学生的素质不单纯以知识结构为标志,应该把从外在获得的知识文化等内化于人的身心,升华形成稳定的品质和素质,能适应现代社会的需求。因此,大学生的心理素质不容忽视,而武术这一独特的项目对大学生的心理有着积极的影响。

一、锻炼意志

练习基本功,要不断克服疼痛关,磨炼"冬练三九,夏练三伏",常年有恒,坚持不懈的意志品质。套路练习,要克服枯燥关,培养刻苦耐劳,砥砺精进,永不自满的品质。防卫练习,遇到了强手克服消极逃避关。锻炼勇敢无畏、坚韧不屈的战斗意志,经过长期锻炼,可以培养人们勤奋、刻苦、果敢、顽强、虚心好学、勇于进取的良好习性和意志品质。

二、培养品德

武术一向重礼仪,讲道德,"尚武崇德","未曾习武先学礼,未曾习武先习德",传统中始终把武德列为习武先教武的先决条件。武德包括尊师谦和、忍让的处世哲学、见义勇为的传统美德等,这些高尚的武德观念是以儒家"仁义"精神为核心,是中国传统哲学思想影响的结果,体现了中华武术所具有的那种东方文化的文明气质。

三、修身养性,调节身心

从古到今,武术一直被人们当成修身养性的一种手段。老子提出了"到虚静,守静笃","不欲以静",希望恢复一种符合人道的人际社会;道家内丹学说的精要在"养气守静",主张"守静去躁","忘形静寂",达到"神静则心和,心和则神全"。无论从思维方式还是养生思想,都注重道德修养,企求由人的内心清净达到社会的安宁,由个人的修养去化解社会的纷争,所谓"人徒知纵心为快,不悟制得此心,有无穷真乐"(《秋泣集》),长期练太极拳,可以潜移默化,陶冶性情,培养沉着从容、温和冷静、耐心细致、做事有恒、意志坚强、乐观进取等优良性格。练太极拳后,会使人心情舒畅,精神愉快,恬淡安然。如有烦恼,在大自然之中,觅个幽静之处,练练太极拳,可使杂念消除,心平气和。工余学后,休息闲暇之时,练太极拳是一种积极的休息、健康的消遣,高尚的娱乐和良好的情感操练。精神、心境与人的道德修养分不开,众所周知,养生在于养气,养气必须修心,修心则应修德。当前,武德修为的核心乃是为人民服务,保持健康良好的心性,调节心身,使人得到全面发展。

第三节　武术与社会适应能力

每天早上,随着清晨的第一道曙光,非洲草原上的羚羊从睡梦中醒来,它知道新的比赛就要开始,对手必定是跑得最快的狮子,要想活命,就必须在赛跑中获胜。而另一方面,狮子睁开眼睛的第一件事情,也是准备奔跑,它们必须要追上跑得最慢的羚羊。物竞天择,优胜劣汰,强者生存,弱者灭亡,这是自然界的生存法则。对于生存于现代社会的高级发展的人,更是如此。

《易传》说:"天行健,君子以自强不息,地势坤,君子以厚德载物。"孔子曰:"三军可夺帅也,匹夫不可夺志也。"孟子也讲过:"富贵不能淫,贫贱不可移,威武不能屈。"自强不息,永不停止,表现了中华民族奋斗拼搏的精神,表现了一种生命力,不向恶劣环境屈服,对恶势力决不妥协,坚持抗争,直至胜利。在个人生活方面,强调人格独立,并且要有淳厚的德性,能够包容万物,这样一种奋斗精神,一种兼容精神,构成了中华民族的主要精神。在民族精神的直接影响下武术精神逐渐形成。

武术的精神通过三个层次表现出来。第一个层次表现为个人的武德修养。它要求所有习武者都要"尊师重道",做到"孝悌仁义"、"技道并重、德艺双修","切戒逞血气之私,有好勇斗狠之举"。第二个层次表现为集体的道德观念。它要求所有习武者和武术团体应"扶危济贫,除暴安良",做到"公正"、"安民"、"匡扶正义"、"见义勇为"和"以武会友"。第三个层次表现为爱国主义的精神。它要求所有习武者和武术团体必须"精忠报国",练武的目的在于"强种御伤"和"爱国、修身、正义、助人"。总之,武术精神要培养习武者助人为乐,积极进取,主持正义,不怕邪恶的奋斗精神;培养互相尊重、互相学习、取长补短的兼容精神;培养民族自豪感和责任心,敢于同有害于国家和人民利益的行为作斗争以及在国家和民族危亡时刻挺身而出的爱国主义精神。

武术在培养这种精神的同时,使人们掌握自我防卫,除暴安良的技术。随着社会的进步,人们对自身的要求也越来越高。寻求一种自我防卫手段已是不少人的愿望,而武术的技击作用正好能满足这种社会需要。武术本质的属性便是技击作用。武术是将技击寓于搏斗运动与套路运动中,是以踢、打、摔、拿、击、刺等技击动作为主要内容,通过徒手或借助于器械的身体运动来表现攻防格斗能力。武术的搏斗运动,通过攻防技术练习,拳打、脚踢、快摔等动作的运用,并在交手中互相扬长避短,攻彼弱点,避彼锋芒,讲究得机、得时、得势,从而提高判断力和应变力。在实用中,以有效的技击方法来制服对方。这无疑能提高人们克敌制胜和防身自卫的能力。

武术课是一门综合课程,全面提高学生的素质,使学生在精气神中陶冶情操,在一遍又一遍的强化训练中磨炼意志,使他们以坚强的性格、健康的体魄、扎实的技术迈入竞争的社会。

思考题

1. 运用世界卫生组织提出的三维健康观念，分别从各个角度对自身健康状况进行评估。

2. 结合自身实际，思考如何全方面提升自身健康状况，做一个全面的健康人。

第三章 武术健身的一般方法

第一节 武术健身的基本动作和基本功

武术基本功,是指从事武术运动所必备的体能、技能和心理品质。它有一系列综合性训练人体内外各部位功能的方法和手段,是使初学者具备习武能力的专门练习,也是身体锻炼的有效手段。武术基本功和基本动作一般包括肩、臂、腰、手法、步型以及平衡协调等练习。

一、肩臂功

肩臂功,主要是加强肩关节韧带的柔韧性,使肩关节活动范围增大,提高臂部肌肉力量,增进上肢运动的灵敏、松长、转环等能力。为学习和掌握各种拳、掌等手法提供必要的专项素质,主要练习方法有压肩、吊肩、绕肩等。

1. 压肩

正对肋木或一定高度物体两腿伸直左右开立与肩同宽或稍宽,两手抓握肋木,两臂伸直,上体前俯,抬头挺胸下振压肩,或两人对面站立互扶按肩部做抬头挺胸下振压肩(图 3-1-1、图 3-1-2)。

 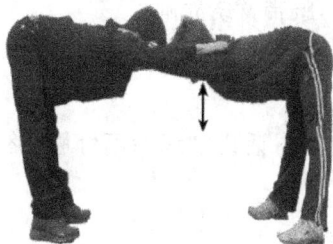 

图3-1-1　　　　　　　　图3-1-2　　　　　　　　图3-1-3

要点:臂、腿伸直,下振时抬头,压点集中在肩部,幅度逐渐加大。

2. 吊肩

并步背向肋木或横杠,两手反臂抓握肋木,然后下蹲。两臂拉直或悬空吊起(图 3-1-3)。

要点:两臂伸直、肩部放松。

3．绕肩

（1）单臂绕肩

左弓步，左手按于左膝上，右臂伸直向前或向后绕环，左右交替进行（图 3-1-4）。

要点：臂伸直，肩放松，划立圆逐渐加速。

图 3-1-4

（2）双臂前后绕环

两脚开立与肩同宽，两臂上举，两掌心相对左右臂反向绕立圆（图 3-1-5）。

图 3-1-5

要点：两臂伸直，肩关节放松，腰带臂绕立圆。

二、腰功

腰是人体上下肢连接的枢纽。俗话说："练拳不练腰，终究艺不高。"练腰的方法有：俯腰、甩腰、涮腰和下腰。

1．俯腰

并步站立，两手指交叉直臂上举，手心朝上，上体前俯。两手尽量贴地，然后两手松开抱住两脚踝关节处逐步使胸贴近膝关节，持续一定时间再起。还可以向两侧分别转体，两手在两侧贴触地面（图 3-1-6）。

要点：膝关节挺直，挺胸、塌腰，收髋，向前、左、右侧折体。

2．甩腰

开步站立，两臂上举，然后以腰、髋关节为轴，上体做前后屈和甩动作，两臂也跟着甩

图 3-1-6

动,两腿伸直(图 3-1-7)。

图 3-1-7

要点:前后甩腰动作快速紧凑而有弹性。

3.涮腰

两脚左右开立略宽于肩,两臂自然下垂,以髋关节为轴,上体前俯,两臂随之向左前下方伸出。然后向前、向右、向后、向左绕环(图 3-1-8)。

图 3-1-8

要点:绕环幅度越大越好,快速紧凑。

017

4.下腰

两脚开立与肩同宽,两臂伸直上举。腰向后弯,抬头,挺腰,两手撑地成桥形(图 3-1-9)。

要点:挺膝、挺髋、腰向上顶,桥弓要大,脚跟不离地。

图 3-1-9

三、腿功

主要发展下肢的柔韧性、灵活性和力量素质。练习方法有压腿、搬腿、劈腿和踢腿等。

1.压腿

目的:拉长下肢肌肉和韧带,加大髋关节活动范围,有正、侧、后和仆步压腿。

(1)正压腿

正对肋木、横杠、桌、台阶等一定高度的物体,一腿支撑站立,另一腿放在支撑物上,两膝伸直。上体前府向下振压,胸靠膝关节。两腿交替进行(图 3-1-10)。

图 3-1-10

要点:两腿下压时伸直,放在肋木上的脚尖勾紧、挺胸、塌腰。

(2)侧压腿

侧对肋木、横杠等一定高度的物体,右腿支撑,左脚跟放在肋木上,脚尖勾,左掌屈肘置于胸前,右掌屈肘架于头上,上体向左侧压振。左右交替进行(图 3-1-11)。

要点:同正压腿,逐步过渡到上体侧卧在被压腿上。

(3)后压腿

背对肋木、横杠、桌一定高度的物体,两手叉腰,右腿支撑,左脚提起。脚面绷直搭在肋木上,上体后仰做压振,左右腿交替进行(图 3-1-12)。

要点:两腿伸直挺胸、展髋、上体后仰。

 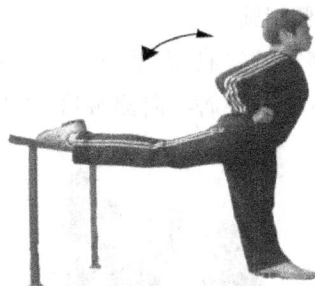

图 3-1-11 　　　　　　　　　　　　　　　　图 3-1-12

（4）仆步压腿

一腿屈膝全蹲，一腿挺膝伸直，脚尖里扣，两手分别抓握两脚外侧成仆步下压振（图 3-1-13）。

图 3-1-13

要点：挺胸塌腰沉髋。

2. 搬腿

增进腿部柔韧性，加大髋关节的活动范围，提高腿部上举力量，有正、侧、后搬腿。

（1）正搬腿

两人一组、可由同伴将其左腿上搬，或左腿屈膝，右手握左脚，左手抱膝，左腿向前上方举起，挺膝，脚外侧朝前。左右交替进行（图 3-1-14）。

图 3-1-14

要点：挺胸、塌腰、收髋、挺膝、脚尖勾紧。

（2）侧搬腿

右腿屈膝提起，右手经小腿内侧向下托住脚跟，然后将右腿向右上方搬起，左臂亮掌，也可由同伴托住脚跟向侧搬腿（图 3-1-15）。

图 3-1-15

图 3-1-16

要点：支撑腿与上体要正直，被搬的腿要收髋挺膝，脚尖勾紧。

（3）后搬腿

手扶一定高度的物体或肋木，左腿支撑，由同伴托起右腿从身后向上搬举（图 3-1-16）。

要点：挺胸、塌腰、髋放正。

3. 劈腿

目的：加大髋关节活动范围增加腿部的柔韧性。劈腿有竖叉、横叉两种。

（1）竖叉

两臂侧平举或两手左右扶地，两腿前后分开成直线，左腿后侧着地，脚尖朝上，右腿内侧或前侧着地（图 3-1-17）。

图 3-1-17

图 3-1-18

要点：挺胸，立腰，沉髋，挺膝，两腿成一条直线。

（2）横叉

两手在体前扶地，两腿左右分开成直线，两脚内侧着地（图 3-1-18）。

要点：同竖叉。

4. 踢腿

踢腿是腿功的重要内容，腿部的综合素质都比较集中地从踢腿上表现出来。踢腿有两种方法，一是直摆性腿法，二是屈伸性腿法。

（1）直摆性腿法

①正踢腿

两脚并立，两手成掌或握拳侧平举成预备姿势。左脚向前半步，左腿支撑，右脚勾起脚尖向前额处猛踢。目视前方，左右腿交替进行（图 3-1-19）。

图 3-1-19

要点：挺胸立腰、踢腿时脚尖勾起勾落，收髋猛收腹，过腰后加速，要有寸劲。

②侧踢腿

预备姿势同正踢腿，右脚向前上半岁，脚尖外展，左脚跟稍提起，身体略右转，左臂前伸，右臂后举，随即，左脚脚尖勾紧向左耳侧上踢，同时右臂屈肘上举亮掌，左臂屈肘立掌附于右肩前或垂于裆前，目视前方，踢左腿为左侧踢，踢右腿为右侧踢（图 3-1-20）。

图 3-1-20

图 3-1-21

要点：挺胸、立腰、开髋、侧身、猛收腹。

③外摆腿

预备姿势同正踢腿，右脚向右前方上半步左脚脚尖勾紧向右侧上方踢起，经面前向左侧上方摆动，直腿落在右腿旁，目平视，左右腿交替进行（图 3-1-21）。

要点：挺胸、塌腰、松髋、展髋、外摆幅度要大并成扇形。

④里合腿

预备姿势与正踢腿相同。左脚向前上半步支撑，右脚尖勾起，向右侧上方直腿踢起，经脸前向左侧上方直腿摆动,落于右脚外侧,目平视,左右腿交替进行(图 3-1-22)。

图 3-1-22

要点:挺胸、立腰、松髋、合髋、里合幅度要大并成扇形。

⑤拍脚

并步站立、两臂侧平举,左脚向前迈步伸直支撑,右脚面绷平直腿向上踢摆,同时,右掌在额前击拍右脚面,右腿保持适度紧张下落,前脚掌着地(图 3-1-23)。

要点:挺胸、立腰、收腹、击拍要响亮。

(2)屈伸性腿法

①弹腿

并步站立、两拳位于腰际,左脚向前迈步支撑,右腿屈膝提起,迅速挺膝,右脚面绷直以脚尖为力点向前弹出,大腿与小腿成直线(图 3-1-24)。

图 3-1-23

图 3-1-24

要点:挺胸、立腰、脚面绷直、弹击要有寸劲即爆发力。

②蹬腿

与弹腿相同,唯一区别在于脚尖,脚尖须勾起,力达脚跟(图 3-1-25)。

要点:同弹腿,强调脚尖勾起。

③侧踹

并步站立、叉腰或两拳抱于腰间成预备姿势,两腿左右交叉,左腿在前,稍屈膝随即左腿蹬伸支撑,右腿屈膝提起,右脚尖内扣脚跟用力向右侧上方踹出,上体向左侧倒,目视右侧方,右左腿交替进行(图 3-1-26)。

要点:挺膝,开髋,猛踹力达脚跟。

图 3-1-25　　　　　　　　　　　　　　　　　　　　　　　图 3-1-26

四、手型手法和步型练习

手型练习是运用拳掌勾三种手型,结合上肢冲、架、推、亮等运动手法。步型和步法练习能规范腿部动作,增强下肢肌肉力量和速度,提高腿部的灵活性和稳定性。

1. **手型**

(1)拳:四指并拢握拳,拇指紧扣食指和中指第二指节(图 3-1-27)。

要点:拳面平。

(2)掌:四指并拢伸直,拇指弯曲紧扣于虎口处(图 3-1-28)。

要点:手指并拢,掌心展开,竖指。

(3)勾:五指第一指节捏拢在一起,屈腕(图 3-1-29)。

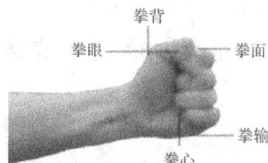
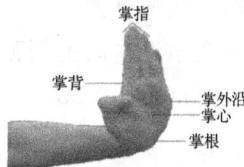

图 3-1-27　　　　　　　　　图 3-1-28　　　　　　　　图 3-1-29

2. **手法**

(1)冲拳:分平拳和立拳两种。平拳拳心向下,立拳拳眼向上。两脚左右开立与肩同宽,两拳抱于腰际,肘尖向后,拳心向上成预备姿势。挺胸收腹立腰。右拳从腰际向前猛冲、转腰、顺肩、肘关节过腰后右前臂内旋。力达拳面,臂伸直,高与肩平,同时,左肘向后牵拉。左右拳交替进行(图 3-1-30)。

要点:拧腰、顺肩、力达拳面。

(2)架拳:与冲拳预备式相同,右拳向下、向左、向上经头前向右上方划弧并在右前上方架起,拳眼向下,眼看左方。左右拳交替进行(图 3-1-31)。

要点:松肩、肘微屈、前臂内旋。

(3)推掌:与冲拳预备式相同,左拳变掌、掌根为力点,小指一侧朝前猛力推出,随后,左

图 3-1-30

掌变拳还原，右拳变掌推出。左右拳交替进行（图 3-1-32）。

图 3-1-31   图 3-1-32

要点：推掌时转腰、顺肩、臂伸直，快速有力。

（4）亮掌：预备势同冲拳。左拳变掌经左向上划弧至头的左上方时，寸劲亮掌，臂微屈，掌心斜向上，同时，头向右转，目视左方（图 3-1-33）。

要点：亮掌、转头同时完成。

图 3-1-33   图 3-1-34

3.步型

①弓步

并步站立、两拳位于腰际成预备姿势。前腿弓,脚尖微内扣,后腿绷,脚尖内扣,两脚全掌着地,左脚前为左弓步,反之右弓步(图3-1-34)。

要点:出步向前约为本人脚长的4～5倍。

②马步

两脚左右开立,(约为本人脚长的3倍),脚尖正对前方,屈膝半蹲,膝关节不宜超过脚尖,大裆接近水平,全脚着地,重心落于两腿之间。两拳抱于腰际(图3-1-35)。

要点:挺胸、塌腰、脚跟外蹬。

图3-1-35　　　　　　　图3-1-36　　　　　　　图3-1-37

③仆步

两拳位于腰际,左脚向左侧迈步、屈膝全蹲,臀部下落接近小腿,脚和膝关节外展,右腿伸宜平扑,脚尖里扣,全脚掌着地(图3-1-36)。

要点:挺胸、塌腰、沉髋。

④虚步

两拳抱于腰际,右脚尖外展45°,右腿屈膝支撑,左脚向前伸出。膝关节微屈,以脚前掌或脚跟着地稍内扣(图3-1-37)。

要点:挺胸、塌腰,重心落在支撑腿上。虚实分明。

⑤歇步

两拳抱于腰际,右脚向左脚后插步,前脚掌着地,两腿交叉、屈膝全蹲、臀部坐于右小腿上(图3-1-38)。

要点:挺胸、塌腰,两腿靠拢并贴紧。

图3-1-38　　　　　　　图3-1-39　　　　　　　图3-1-40

⑥丁步

两拳位于腰际,并步站立成预备式,两腿屈膝半蹲,右脚全脚着地;左脚脚跟掀起,脚尖里扣并虚点地面、脚面绷直,点于右脚脚弓处,重心在右腿上,左脚点地为左丁字步,反之为右丁字步(图3-1-39)。

五、平衡练习

侧身平衡(图3-1-40)

预备姿势:两脚并立,两臂垂直于体侧。

(1)右脚向前半步屈膝半蹲支撑,左脚屈膝后点;左掌屈臂胸前右摆,掌心向前至向右,右手握拳在腰间,目视左掌。

(2)左脚提起向后伸直,挺膝,脚背绷直;左掌屈臂附于右肩内侧,右掌直臂前下插掌;目视前方。

要点:两腿伸直,后举腿高于头顶水平部位,脚面绷平;上体侧俯水平部位,挺胸、抬头。

六、协调性练习

仆步抡拍(图3-1-41)

预备姿势:两脚开立,略宽于肩,两掌直臂侧平举。

(1)上体左转成左弓步,右直臂向下、向左前方抡摆,左直臂向上、向右后抡摆;目视左手。

(2)上体右转,左臂直臂由左向上、向右抡臂划弧;右臂向下向左前抡摆至侧平举;目视右手。

图 3-1-41

(3)上体右转成右弓步,右臂向下、向后抡臂至后下方;左臂直臂向上、向右抡臂至右上方。

(4)上体左转沉重心成右仆步,右臂直臂向上、向右、向下抡臂划弧至右脚内侧拍地;左臂向下、向左抡臂至左上方;目视右掌。

要点:抡臂要直,以腰带肩,以肩带臂发力。

第二节 不同身体部位的健身方法

　　系统而全面的身体素质包括速度、力量、耐力、灵敏、柔韧等诸多方面,针对职业人员的工作性质,针对不同的锻炼方法,健身的不同部位,我们推荐以下健身方法。

　　1.仰卧起坐

　　主要作用:增强腹部肌肉力量。

　　动作方法:仰卧于床或垫上,两腿并拢,两手交叉放于头后(图 3-2-1)。上体向前上方抬起(图 3-2-2),然后再放下。反复练习。

　　要求:两腿不能抬起,两腿尽量要靠自己的腹部。

图 3-2-1

图 3-2-2

　　2.俯卧背弓

　　主要作用:增强后颈,后腰背、臀部肌肉力量。

　　动作方法:身体俯卧于床或垫上,两腿并拢,脚背绷直,两手指交叉握,放于头后部(图 3-2-3)。头、上体与两腿向各自上方抬起(图 3-2-4),然后再放下。反复练习。

　　要求:眼向前上方看,身体两端同时起落,协调进行。

图 3-2-3

图 3-2-4

　　3.团身滚动

　　主要作用:增加倒地灵活性和倒地后的适应能力。

　　动作方法:两脚并拢,屈膝下蹲,两手向前下撑地(图 3-2-5),两腿蹬伸,低头收下颏使后脑颈部着地,至后背到腰臀依次滚过(图 3-2-6),两膝迅速弯曲,两手抱于两小腿前成蹲撑(图 3-2-7)。再按动作相反的方向,向后滚回去。只是后滚翻时,两手至头后两侧撑地推起。

　　要求:低头含胸屈膝,尽量使身体团紧,圆滑滚动。开始可先在垫上练习,慢慢过渡到硬地上进行。

图 3-2-5

图 3-2-6

图 3-2-7

图 3-2-8

4. 转体

主要作用：增强腰背、腹部的肌肉力量。

动作方法：两腿开立略宽于肩，肩扛轻杠铃或其他适宜重物，上体向左、向右转动（图 3-2-8）。

要求：练习的速度要由慢到快，练习的重量要由轻到重，循序渐进练习。

5. 俯卧撑

主要作用：增强两臂力量。

动作方法：身体前俯，两手掌、拳、五指分别撑地，两肘由屈到伸，由伸到屈，如此反复练习（图 3-2-9、图 3-2-10、图 3-2-11）。

要求：身体绷直，平起平落，两臂与肩同宽。

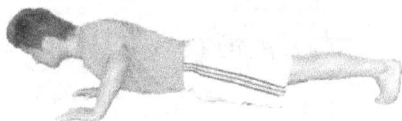

图 3-2-9

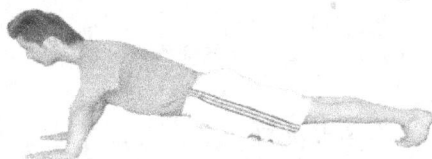

图 3-2-10

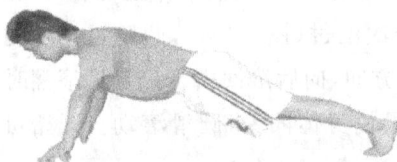

图 3-2-11

6.单腿起落

主要作用:增加腿部力量和腹肌力量。

动作方法:双手叉腰,一脚绷直,脚背平举于体前(图3-2-12),支撑腿屈膝下蹲(图3-2-13),然后再用力由屈到伸撑起(图3-2-14)。左右腿交替进行练习。

要求:举腿高度要过腰以上,支撑腿的脚跟不离地。

 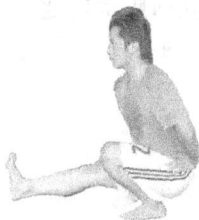 

图3-2-12　　　　　　　图3-2-13　　　　　　　图3-2-14

7.仰卧蹬踢

主要作用:增加腰胯和腿部肌肉力量,提高腿法实用技能。

动作方法:身体仰卧于床或垫上,屈膝收腹至胸前(图3-2-15),然后向前上方蹬出(图3-2-16),两腿依次快速蹬出(图3-2-17)。身体侧卧,下面腿勾脚尖屈膝回收,同时上面的腿踹出(图3-2-18),反复进行练习。

要求:蹬踹时要爆发用力,上体肌肉要紧张,下颏内收,目视踢击方向。回收与蹬出时都要迅速有力。

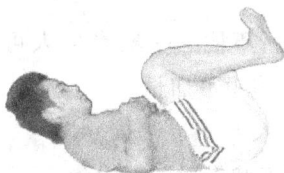

图 3-2-15

图 3-2-16

图 3-2-17

图 3-2-18

8.跳绳

主要作用:增强腿部弹跳力和灵活性。跳绳也是发展耐力的主要方法之一,跳绳练习对发展协调性、腿部的爆发力和迅速移动能力也有一定的作用,可作为防卫训练中的专项辅助练习。

动作方法:备一条5～6尺长的跳绳,双手持绳两端,进行一跳一摇,一跳双摇,单脚跳,双脚跳等练习(图3-2-19)。跳绳的练习时间以每组1.5～3分钟为宜,练习方法可采用单摇跳、双摇跳、三摇跳等。

要求:两脚要有弹力,前脚掌弹起、前脚掌着地。

图 3-2-19   图 3-2-20

9.越野跑

主要作用:发展耐力等身体素质,可以促进运动器官和内脏机能的发展,改善人体血液循环。此外,越野跑还可以控制体重,防止肥胖。

运动方式:越野跑的距离和速度依锻炼者的具体情况而有所不同。一般青年人可跑3000～5000米,每千米速度在5～8分钟。身体好者跑速可加快,跑距可加长。

10.快速、短距离冲刺跑

主要作用:增强全身活动能力,提高反应能力、提高跑动的速度和发展腿部力量。

动作方法:两臂弯曲握拳于体侧,一脚向后下方蹬地,一腿微屈膝向前迈出(图3-2-20),动作依次进行。

要求:根据自己的身体素质进行快跑、短距离冲刺等。要注意用前脚掌着地,注意着地的缓冲。

11.涮腰

主要作用:增强腰部柔韧性和力量素质。

动作方法:两脚开立,略宽于肩,两臂自然下垂。以髋关节为轴,上体前俯,两臂随之向左前下方伸出(图3-2-21)。然后向前、向右、向后、向左翻转绕环(图3-2-22)。

要求:尽量增大绕环幅度。

图 3-2-21

图 3-2-22

第三节 太极健身操

太极拳的强身治病作用已为众人所知,太极拳强调充分放松全身肌肉、心静、用意、身正、神敛的匀速运动,不但可增强体质,还能使中枢神经系统得到良好的训练,增强大脑的灵活性和记忆能力。

针对职业人员的工作性质,我们编写了太极健身操,旨在通过太极操的练习,调理身心,强身健体。太极操的练习应该配合呼吸,呼吸深、长、细、匀、缓,是太极拳练气法的主要内容。每一动作都是一合一开配合一吸一呼的。动作基本是合、屈、起、收时吸气,开、伸、落、出时呼气。除呼吸要配合外,意念、提肛、松肛和小腹凹凸鼓荡等,也都要默契配合。由于每个人的体质不同,动作快慢、幅度大小不同,所以初学时呼吸要自然配合,不必强求,等熟练以后再要求气沉丹田,加深呼吸。练太极要想提高,必须长久坚持,认真练习。

第一势 前推后收

1.开步起势:身体重心移至右腿;左脚跟至脚尖依次提起,向左侧开步至与肩宽,然后脚尖至脚跟依次落地;身体重心移至两脚之间(图 3-3-1)。

2.领举双臂:双手腕上领;松肩;两臂轻松上提(图 3-3-2)。

图 3-3-1

图 3-3-2

图 3-3-3

3.屈蹲下按(太极拳站桩的姿势):两腿屈蹲,臀部下坐;同时,两臂沉肘,双掌下按(图

3-3-3)。

4.双手外旋,向内上收,掌心向内,指尖向上;同时,身体重心移至脚跟(图3-3-4),尽量向后靠,自然吸气,目视前方(图3-3-5、图3-3-5侧)。

图3-3-4   图3-3-5   图3-3-5侧

5.双手内旋,向前推出,掌心向前,指尖向上;同时,身体重心移至脚趾,尽量向前移;自然呼气,目视前方(图3-3-6、图3-3-6侧)。

图3-3-6   图3-3-6侧   图3-3-7

如此反复慢速连贯地练习。如欲停止,可双腿屈蹲;同时,双掌内收下按至腹前,掌心向下;目视前方还原成"太极桩"(图3-3-7),然后接着收势。

6.领举双臂:上体保持正直,两腿站起的同时前伸双掌(图3-3-8)。

7.双掌下落:身体姿势不变,双掌下落至体侧(图3-3-9)。

8.并步收势:左脚跟至脚尖依次提起,向右脚并拢,然后脚尖至脚跟依次落地;身体重心移至两脚之间成并步(图3-3-10)。

要点:①保持腿的屈蹲姿势;②两膝要向外撑;③在两脚不动保持平稳的前提下,身体重心的前后移动幅度要尽量大;④双手的收掌、推掌要随身体而行,动作不要太大;⑤练习过程中,要保持下颌自然内收,头上顶("头顶悬"),肩下沉,肘尖向下(坠肘)的姿态;双掌自然内旋、外旋。

图3-3-8   图3-3-9   图3-3-10

主要健身作用:强化脚掌对身体重心的感觉;扩大身体重心的移动范围;舒活上肢肌肉关节。

参考练习次数:一收一推为 1 次;每组 8～10 次。可练 3～4 组。

第二势　上穿下按

预备式和起势同前,至"太极桩"(图 3-3-11)。

1.双腿下蹲;同时,右掌在身前向内落按,掌心向下,掌指向左;左掌随之外旋上穿,掌指向上,掌心向左;目视前方;自然呼气(图 3-3-12)。双腿站起,同时,左掌继续上穿,并逐步内旋左手臂至掌心向外,掌指向上;同时,右掌内旋下按;目视前方;自然吸气(图 3-3-13)。

图3-3-11   图3-3-12   图3-3-13

2.右穿左按:双腿下蹲;同时,左掌在身前向内落按,掌心向下,掌指向右;右掌随之外旋上穿,掌指向上,掌心向右;目视前方;自然呼气(图图 3-3-14)。双腿站起;同时,右掌继续上穿,并逐渐内旋右手臂至掌心向外,掌指向上;同时,左掌内旋下按;目视前方;自然吸气(图 3-3-15)。

图3-3-14   图3-3-15   图3-3-16

　　如此反复慢速连贯地练习。如欲停止,可双腿屈蹲;同时,双掌内收至腹前,掌心向下;目视前方还原成"太极桩"(图 3-3-16)。然后接着收势,动作同前。

　　要点:①上穿的手臂要边旋边伸,尽量上举;下按的手掌根要尽量下落;上穿下按要同时对拉用力。②上穿下按的对拉要借助两腿的蹬伸之力。③上穿下按时,双肩均要注意下沉("沉肩"),尤其是上穿的一侧。

　　主要健身作用:①伸展肩肘关节;伸拉肋间肌肉;使躯干的两侧得到充分的舒展;提高呼吸肌的力量。②对预防和治疗肩周炎有一定的效用。对内脏和颈部肌肉也有活动效果。

　　参考练习次数:左、右穿按为 1 次;每组 6～10 次。可练 2～3 组。

　　第三势　左右云手

　　预备势和起势同前;至"太极桩"(图 3-3-17)。

图3-3-17   图3-3-18   图3-3-19   图3-3-20

　　1.左云手:身体向右转;重心移至右腿;同时,右手叉腰;左掌向右斜前方外旋穿出,掌心向上;目视左掌(图 3-3-18)。身体向左转;同时,左掌外旋,掌心向内,掌指向上;目随左掌(图 3-3-19)。身体继续向左转,重心移至左腿;同时,左掌内旋摆转至身体左侧,掌心斜向下,掌指向左;目随左掌(图 3-3-20)。

2. 右云手：身体向左转；重心仍在左腿；同时，左手叉腰；右掌向左斜前方外旋穿出，掌心向上；目视右掌（图3-3-21）。身体向右转；同时，右掌外旋，掌心向内，掌指向上；目随右掌（图3-3-22）。身体继续向右转，重心移至右腿；同时，右掌内旋摆转至身体右侧，掌心斜向下，掌指向右；目随右掌（图3-3-23）。

图3-3-21　　　　　　图3-3-22　　　　　　图3-3-23　　　　　　图3-3-24

如此反复慢速连贯地练习。如欲停止，可双腿屈蹲；同时，双掌内收下按至腹前，掌心向下；目视前方还原成"太极桩"（图3-3-24）。然后接着收势，动作同前。

要点：①身体在左右转动的过程中要以腰为轴；上体始终要保持正直（立脊）并舒松胸部（自然含胸）。用身体的转动带领手臂运转。②手要划立圆路线，两手左右交换要协调自然。③注意手臂的肘尖向下（坠肘）并微屈，手臂保持一定的弯曲度（呈弧形）。④头的转动要自然，眼神随手动。

主要健身作用：①使颈、肩、髋、膝等身体的主要关节得到连续的小幅度活转。②让脊柱在垂直的状态（"尾闾中正"）下得到松活的转动。③"眼随手动"，可在松活手臂的同时使眼睛得到主动的运动；另外也活动了颈椎，依次放松颈部左、右侧的肌肉，改善头部的血液供应。④身体各关节在微屈的状态下连续缓慢转动，可以松活身体，促进全身的血液循环，释放疲劳，从而调节和改善身体的内环境。

参考练习次数：左、右云手为1次；每组6～10次。可练2～4组。

以上三势虽然简单，但其中包含着太极拳的手法、下肢、躯干的基础技术方法和运动方式。对太极拳初学者来说，掌握前后、上下、左右方位的身体动作，是建立准确的肢体空间运动感觉，正确掌握太极拳基本技术的好方法。

第四势　原地活步

预备势和起势同前；至"太极桩"（图3-3-25）。

1. 左侧活步：上体正直；双手后扶腰部（图3-3-26）。身体左转；重心移至右腿；同时，左脚以脚掌为轴，脚跟内转成虚步（图3-3-27）；左脚提起上步，脚跟着地（图3-3-28）；右腿蹬伸，左腿屈蹲成弓步（图3-3-29）；重心后移，右腿屈蹲，左脚尖内扣；目视右前方（图3-3-30）；身体左转，左脚后收还原成预备势（图3-3-31）；目视前方（图3-3-32）。

图3-3-25　　　　　　图3-3-26　　　　　　图3-3-27　　　　　　图3-3-28

图3-3-29　　　　　　图3-3-30　　　　　　图3-3-31　　　　　　图3-3-32

2.右侧活步：右侧动作同左侧动作，惟所用肢体动作相反（图3-3-33、图3-3-34、图3-3-35、图3-3-36、图3-3-37、图3-3-38、图3-3-39）。如此反复慢速地连贯练习。速度一定要慢，其中虚步、弓步和身体重心后移的姿势都可以稍停一定的时间。如欲停止，可还原成"太极桩"（图3-3-40），然后接着收势，动作同前。

图3-3-33　　　　　　图3-3-34　　　　　　图3-3-35　　　　　　图3-3-36

要点：①成虚步时，身体重心要保持在支撑腿上；另一腿的前脚掌要轻点地面，脚跟要自然提起；虚实要分明。②上步时，支撑腿要保持平稳；上步的腿要轻缓迈出，让脚跟轻轻着地，然后再蹬伸支撑腿。成弓步时，后腿要自然蹬直。③身体重心向后移动时，后腿要屈膝坐髋，移动的幅度应尽量大。

主要健身作用：①增强腿部肌肉力量和灵活性。②提高单腿支撑体重的能力和意识，体验腿的活动范围和方位感觉。作用对走路较少或长期办公人员较为适用，可锻炼下肢肌肉,增强下肢血循环。

图3-3-37　　　　　　图3-3-38　　　　　　图3-3-39　　　　　　图3-3-40

第五势　活步托按

预备式和起势同前;至"太极桩"(图3-3-41)。

1. 丁步双托:身体向左转;重心移至右腿;左脚提收至右脚内侧成丁步;同时,双手外旋,掌心向上、指尖相对托抱于腹前;目视前方(图3-3-42)。

图 3-3-41　　　　　　　　　　　　图 3-3-42

2. 上步双穿:左脚向前方上步,脚跟着地;同时,双掌向前穿出,掌心向上(图3-3-43)。

3. 弓步双按:右腿蹬伸,重心前移成弓步;同时,双掌内旋向下划弧采按(图3-3-44)。

4. 后坐双托:左腿蹬伸,重心后移;同时,双手外旋,掌心向上、掌指相对托抱于腹前;目视前方(图3-3-45)。

5. 弓步双按:右腿蹬伸,重心前移成弓步;同时,双掌内旋向前、向下划弧采按(图3-3-46)。

6. 转腰扣脚:身体向右转,重心右移;左腿随之蹬伸并内扣脚尖;同时,双掌外旋向上托抱于腹前;目视前方(图3-3-47)。

图3-3-43

图3-3-44

图3-3-45

图3-3-46

图3-3-47

图3-3-48

图3-3-49

图3-3-50

7.撤步还桩：身体向左转，左脚随之后撤成平行步；同时，双掌内旋向下至腹前，掌心向下；目视前方（图3-3-48）。右侧托按动作同左侧动作，惟所用的肢体动作相反（图3-3-49、图3-3-50、图3-3-51、图3-3-52、图3-3-53、图3-3-54、图3-3-55）。

图3-3-51

图3-3-52

图3-3-53

图3-3-54

图3-3-55

如此反复慢速连贯地练习。如欲停止，可接着收势，动作同前。

要点：①丁步要虚实分明。②每侧动作要向斜前方45°上步。③托抱掌和采按掌的动作要随身体运动而行；动作幅度不要过大。④身体重心前后移动要平稳；身体重心后移时，支撑腿要收髋屈尊；尽量后坐。

主要健身作用：①本势是一个有上肢动作配合的、身体重心前后平移的步行步法动作，可增加身体重心在两腿之间的移动幅度，提高身体的灵活性和上下肢协调动作的能力（"上下相随")。②本势两次用后腿支撑体重,可提高单腿支撑体重的能力和意识。单腿支撑体重是太极拳的特点之一。因增加了单腿支撑体重的能力,可加大身体重心活动的支撑面、强化"身体重心意识"。③练习时肌肉松紧交替,可改善全身的血液循环,对于久坐或久站产生的下肢疲劳有明显的缓解作用。④使上肢各关节得到较充分的内外旋转小幅度的运动。

参考练习次数:左、右活步托按为 1 次;每组 4～8 次。可练 2～4 组。

第六势　穿梭搂推

预备势和起势同前;至"太极桩"(图 3-3-56)。

1. 左架推掌:身体重心向右移;左脚内收,前脚掌着地成丁步;同时,右手向上、左手向下划弧成托抱掌;目随右手(图 3-3-57)。左脚向左斜前方上步,脚跟着地;同时,左手向上、右手向下绕转(图 3-3-58)。右腿蹬伸,重心前移成左弓步;同时,左掌内旋上架;右掌向前立掌推出;目视右掌(图 3-3-59)。

图3-3-56　　　　　图3-3-57　　　　　图3-3-58　　　　　图3-3-59

图3-3-60　　　　　　　图3-3-61　　　　　　　图3-3-62

2. 左搂推掌:身体右转,重心右移;左脚内收,前脚掌着地成丁步;同时,右手向下经外旋向上绕摆至身体右侧,掌心向上;左手随之落摆至右肘旁;目随右掌(图 3-3-60)。左脚向左斜前方上步,脚跟着地;同时,左手下搂至左膝前;右手随之屈肘至右耳旁;目平视左斜前方(图 3-3-61)。右腿蹬伸,重心前移成左弓步;同时,右掌向前立掌推出;左掌随之搂转至左髋旁;目视右掌(图 3-3-62)。

3.抱掌还桩:身体右转,重心右移;左腿随之蹬伸,左脚尖内扣;同时,右掌外旋、左掌向上收抱至胸前与右掌交叉,左手在外;目随左掌(图3-3-63)。身体向左转,左脚随之后撤成平行步;同时,双掌内旋向下落至腹前,掌心向下;目视前方还原成"太极桩"(图3-3-64)。

图3-3-63

图3-3-64

图3-3-65

图3-3-66

右侧穿推动作同左侧动作,惟所用的肢体动作相反。右架推掌(图3-3-65、图3-3-66、图3-3-67);右搂推掌(图3-3-68、图3-3-69、图3-3-70);抱掌还桩(图3-3-71、图3-3-72)。

图3-3-67

图3-3-68

图3-3-69

图3-3-70

图 3-3-71

图 3-3-72

如此反复慢速连贯地练习。如欲停止,可接着收势,动作同前。

要点:①托抱掌的手臂要自然撑圆;上手与胸同高,下手与腹同高。②架推掌的上架手臂要呈弧形,手心斜向上;前推的手臂要沉肘,立掌前推。③绕摆掌的绕摆路线要圆;搂推同时进行,同时到位;前推的手臂要沉肘,塌腕立掌前推。④前脚回撤成丁步时,后腿要先屈膝收髋,使身体重心向后移动,带动前脚回收。⑤架推掌和搂推掌的推掌均要借助后腿的蹬伸之力。

主要健身作用:①架推掌和搂推掌都是太极拳中动作幅度较大的手法;练习时可以让上肢和腰、颈、肩、背等身体部位得到充分的运动。②在上肢舒展运动的同时,与之配合的眼法可使头部随之转动。这种运动对颈肌和颈椎的疲劳有明显的缓解作用。可以缓解颈、肩、背、腰因久坐久站或长时间单一动作而产生的酸痛疲劳等不良感觉。还可放松眼部的肌肉,使视力得到调节。③配合上步、撤步的架推掌和搂推掌都是太极拳中典型的舒展动作,熟练之后可以体验到全身松柔舒畅的感觉。

参考练习次数:左右穿梭搂推为一次;每组 4～8 次。可练 2～4 组。

思考题

1.充分热身后进行压肩、轮臂、踢腿、压腿等柔韧性练习,尽量拉伸自己的柔韧性。

2.能够独立按要求完成肩臂功、腰功和腿功的动作方法;掌握太极健身的呼吸与动作特点。

第四章　不同职业人员的武术健身方法

第一节　职业人员必备的身体素质

身体素质是指完成动作时人体表现的各种能力。通常是指速度、力量、耐力、灵敏和柔韧。当代高职学生毕业后走上工作岗位将面临着不同的职业需求,因此,锻炼学生具备各种良好的身体素质是高职体育义不容辞的责任。

1.速度素质:是指人在最短时间完成某个动作或通过某一距离的能力。速度的训练能提高有机体对各种刺激发生反应的速率。

2.力量素质:是指整个身体或身体某个部分肌肉在收缩和舒张时所表现出来的能力。力量的训练,可使肌肉在生化、形态和协调机能上发生变化,从而有利于力量的发展,使肌肉收缩有力。

3.耐力素质:是指人体长时间能坚持相当剧烈的肌肉活动时抗疲劳的能力,是人的一项基本素质。耐力的训练能促进心血管系统机能的改善和肌肉耐力的增强。

4.灵敏素质:是指在各种突然变换的条件下,练习者能够迅速、准确、协调地改变体位转换动作和随机应变的能力。

5.柔韧素质:是指人体各关节活动的幅度及相关肌肉、韧带等软组织的伸展和弹性(柔韧性的训练,有利于形成正确技术和改正错误动作)。

作为职业人,应该拥有综合而全面的身体素质。人体是统一的整体,人的一切活动无一不是在大脑的支配下实现的。任何一种素质,都不能孤立地存在,发展速度素质时,训练力量并适当训练耐力,则速度发展得更快;训练耐力时注意速度、力量的发展,耐力的发展也能加快。因此在重点发展某项素质的同时,必须注意其他素质的发展。如果片面的、单一的发展某种素质,不仅对提高这种素质不利,而且往往会给某部分运动器官造成过度负担。

第二节 办公人员的武术健身方法

一、办公人员的常见病症

办公人员由于职业关系患有肥胖症、糖尿病和高胆固醇等类似的疾病早已不新鲜,可在这些疾病的背后还有一种被称为"办公室综合征"的新的疾病也频频夺走人们的健康。

何为办公室综合征,它有什么危险呢? 长时间坐在狭窄的办公桌中不走动,血液减低了循环,它被凝固的可能性也会提高。如果长时间无法活动双脚即会导致脚部深静脉出现血块,从而阻塞血管。一旦形成相当大的血栓(血凝块),并通过血管流入肺部内,就会阻止氧气输入。大块的血凝块,可在4分钟内让人毙命,该症状称为"办公室综合征";由于血液循环差,心脏、大脑得不到充分的营养供给,久坐办公室的人往往有头疼、头晕、易疲乏、记忆力衰退等症状,这些症状也称为"办公室综合征"。据报道,英国每年大约有3万人患上办公室综合征,6000人因此丧命。导致该症的元凶是血粘和高血脂。因为血管中血液黏稠,就会像"果冻"一般,必须不断搅动它,它才不会凝固,而久坐不动将使这种搅拌减少,从而导致"办公室综合征",由此看来降血粘、血脂对长期坐办公室的人非常重要。

有些办公人员长期使用电脑处理文件,处于坐位,工作姿势不当,尤其是低头工作,容易造成颈后部肌肉韧带组织的劳损。另外屈颈情况下,椎间盘的内压大大增高,使髓核后移而出现退变,从而导致颈椎病的发生。

二、办公人员的武术健身方法

职业人员如果身体活动较少,固定姿势持续太久,身体某些部位血液循环难以通畅,容易淤滞气血,容易产生腰腿痛。操作性职业人员由于经常重复某些动作容易出现腰肌劳损。针对职业人员的工作性质,我们编制了武术健身操,旨在通过锻炼,改善腰腿部的血液循环,松解粘连和痉挛的软组织。

第一节 按摩肾俞

动作:分腿站立,手掌贴腰(肾俞穴在第二腰椎下,旁开一寸半),按擦向下,直到尾骶,上下反复(图4-2-1)。

作用:具有自我按摩,放松腰肌,增强体质,防治腰疾的作用。

图4-2-1　　　　　图4-2-2　　　　　图4-2-3　　　　　图4-2-4

第二节　白鹤转膝

动作:半蹲屈膝,以手扶膝,圆围回旋,由小而大,左右轮换(图 4-2-2)。

作用:对于腰膝乏力,损伤扭闪,有恢复功能及治疗疼痛的作用。

第三节　风摆荷叶

动作:叉腰分腿,圆围回旋,自左向右,自右向左,膝部勿屈。(图 4-2-3)。

作用:具有流通气血,舒筋活络,防治酸痛作用。

第四节　力插华山

动作:分腿站立,抱拳于腰,掌插于侧,转腰弓步,左右轮换(图 4-2-4)。

作用:对于四肢肩腿、腰部损伤、风湿麻木均可防治。

第五节　大鹏展翅

动作:分腿站立,体向前俯,眼跟双手,交叉上展,身体挺直(图 4-2-5)。

作用:具有锻炼肩背,收缩腰腹,消除障碍,治疗挛缩的作用。

图 4-2-5　大鹏展翅(1)　大鹏展翅(2)　　　　　　　图 4-2-6　擎天撑地

第六节　擎天撑地

动作:分腿站立,双手交叉,挺胸仰腰,由前向下,手掌按地(图 4-2-6)。

作用:具有增强腰部肌力作用,对于腰部酸痛、腹部力弱均可防治。

第七节　摘星换斗

动作：弓步前屈，仰腰后挺，抡臂回旋，左右交替，一足勿屈。（图4-2-7）

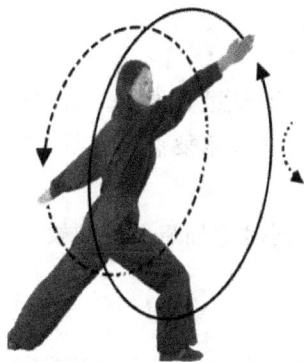

图 4-2-7　摘星换斗

图 4-2-8　螳螂甩臂

作用：加强颈腰腹腿的肌肉锻炼，可以增强劲力，舒展臂肩。

第八节　螳螂甩臂

动作：分腿站立，全身放松，以臂带手，以手带腰，左右晃动（图4-2-8）。

作用：能够放松腰骶，舒通经络，流畅气血，防治病痛。

建议练习方法：以上八节武术操，每节做4个八拍，每天1～3次，每次大约5分钟左右。

第九节　脑后上托

动作：(1)两膝半蹲成马步，两拳变掌，左手由体左侧翻转，掌心向上，指端向右，经头后上托至头上；同时右手掌心向上屈臂下落至腹前，上体向右转正；目视正前方（图4-2-9、图4-2-10）。

图4-2-9　　　　　　图4-2-10　　　　　　图4-2-11　　　　　　图4-2-12

(2)左手外旋，由头前屈臂下放至腹前，掌心向上，指端向右，同时上体右转，右手屈臂外展至体右侧，屈腕后转，使指端向左，掌心向上，在脑后向头上平托。上体随即向左转正，目先视右手，后向前平视（图4-2-11、图4-2-12）。

(3)右手外旋，屈臂经面前下放至腹前，掌心向上；同时上体左转；左手屈臂外展至体左侧，屈腕后转，使指端向右，掌心向上，在脑后向头上平托；上体随即向右转正；目先视左手，后向前平视（图4-2-12、图4-2-9）。

（4）左手外旋，由头前屈臂下放至腹前，掌心向上，指端向右，同时上体右转，右手屈臂外展至体右侧，屈腕后转，使指端向左，掌心向上，在脑后向头上平托。上体随即向左转正，目先视右手，后向前平视（图4-2-10、图4-2-11）。

如此反复，左右交替练习，4次为一组。

要点：上身转体保持正直。手掌五指张开，上托时臂不要过于伸直。屈腕使掌背与小臂尽量成直角。上托掌与下放掌要协调一致。两腿保持马步不要忽高忽低。呼吸要与动作配合，在手上托时吸气，手下放时呼气。

作用：活动颈关节，避免久坐人员颈椎问题的发生，同时增加肩关节的柔韧性，避免肩部酸痛。

第十节　摆臂活肩腰

动作：（1）两脚成半马步，两脚不动，两手半握拳，上体右转。左手在身前向右斜上摆，屈臂用拳眼击打右肩，同时右手向身后摆，屈臂用拳背击打后腰部；目视右前方（图4-2-13）。

（2）上体左转。右手由身后经体右下，在身前向左斜上摆，屈臂用拳眼击打左肩，同时左手由身前经体左下，屈臂后摆击打后腰部，目视左前方（图4-2-14）。

要点：上体要直。用力转腰，两脚分立不动。两臂关节尽量放松，摆动自如。

图4-2-13　　　　　　　　　　　　　　　图4-2-14

作用：下盘固定的同时，上肢左右摆动，舒筋通络，松肩活腰。

第十一节　左右蹬脚

动作：（1）右膝屈，体重心移于右腿；左脚尖在右脚内侧点地成丁步；同时两小臂在胸前交叉，掌心向上，左手在里，目视左前方（图4-2-15）。

（2）两臂上举至头前，掌心翻向外，左右展开，两手指端向上，高与眉齐；同时左膝提起，左脚勾起脚尖，用脚跟向左侧蹬，脚尖向上；目视左手（图4-2-16）。

（3）、（4）同（1）、（2），惟左右相反。（5）、（6）、（7）、（8）同前。

要点：丁步上体保持正直。蹬脚时，支撑腿微屈，上体稍倾向异侧，呼吸与动作配合。丁步、两手交叉时吸气，分手蹬脚呼气。

作用：配合呼吸四肢开合有间，舒筋活络，活动肩胯。

图 4-2-15

图 4-2-16

第三节 技术工人的武术健身方法

一、技术工人的常见病症

所谓技术工人是指掌握了一定的技术能力、从事相关技术工作的熟练工人。随着科学技术的发展,现代生产劳动脑力化的比重越来越高,逐步缩小了脑力劳动与体力劳动之间的差别。随着改革开放的深化,民营经济快速发展,不断融入经济全球一体化,我国进入了工业化快速发展阶段,逐渐形成了全球的"制造中心",小到打火机,大到家用电器,这就需要我们快速生产出大量的新产品及高质量的产品,以满足全球市场的需要,因此新型的技术工人随之产生。在当今快节奏的生活下,技术工人的压力较大,工作中身体有一定的能量消耗,因此常常感觉身体疲劳以及不同工种的职业病。职业病的危害很大,其来源主要有三类。

1.生产工艺过程中的有害因素

生产工艺过程中的有害因素主要包括三方面。化学因素包括生产过程中的许多化学物质和生产性粉尘。如有机溶剂类(苯、甲苯、二甲苯);有毒气体(一氧化碳、氰化物、氮氧化物、氯气、氨气、硫化氢气体、光气、二氧化硫、硫酸二甲酯等);有机磷农药;矽尘、煤尘、石棉尘、水泥尘、电焊尘等。物理因素包括异常气象条件、异常气压、噪声、振动、非电离辐射、电离辐射等。生物因素包括炭疽杆菌、布氏杆菌、森林脑炎病毒等传染性病原体。

2.劳动过程中的有害因素

劳动过程中的有害因素主要包括劳动组织和劳动过程不合理、劳动强度过大、过度精神或心理紧张、劳动时个别器官或系统过度紧张、长时间不良体位、劳动工具不合理等。

3.生产环境中的有害因素

生产环境中的有害因素主要包括自然环境因素、厂房建筑或布局不合理、来自其他生产过程散发的有害因素造成的生产环境污染。在实际工作场所,往往同时存在多种有害因素,对劳动者的健康产生联合或协同作用,其职业病危害的影响会更大,如在清砂和翻砂车间,除粉尘以外,还有高温、潮湿、噪音等职业病危害因素。

因此,技术工人需要有良好的身体素质,一方面能够预防职业性疾病的发生,一方面可以有效缓解工作疲劳。

二、技术工人的武术健身方法

(一)两手托天理三焦(图 4-3-1)

1.两脚并拢,自然站立;两臂垂于体侧;眼平视前方。

2.左脚向左跨一步,与肩同宽;两手经腹前交叉上举至头顶上方;眼随两手。

3.两手向体侧左右分开下落,成侧平举,掌心向上。之后,两膝伸直,上体前俯,两手翻掌向下,在头下方十指交叉互握。

图 4-3-1

4.上体抬起,两手沿身体中线上提至胸前,翻掌上托,提踵,抬头;眼视手背。

5.脚跟着地,两手左右侧分,下落于体侧。

(二)左右开弓似射雕(图 4-3-2)

1.向左平跨一大步,相距约三脚宽,屈膝下蹲,成马步;两手提至侧平举。之后两臂屈肘合拢,交叉于胸前,右手在外,两掌心向里;同时,重心左移,右脚屈膝提起,脚踝靠于左大腿上。

2.手握拳,拳眼向上,屈肘向右平拉,同时,左臂食指上翘,拇指外展伸直,其余指屈曲,缓缓用力向左推出,高与肩平,掌心向左;眼视左手。

3.下落,成马步,再做右式,惟左右相反。

4.左脚下落,成马步;左臂伸肘,两臂侧平举,掌心向下。

(三)调理脾胃须单举(图 4-3-3)

1.上体左转,马步变左弓步;左手握拳收至腰侧,右手握拳随转体向下、向前屈肘举起,高与头平,拳心向里;眼视右拳。

2.上体前俯,右拳变掌下按至左脚尖前。

3.上体右转,左弓步变成右仆步,再过渡到右弓步;同时,右手随重心移动,经体前贴近地面划弧至右脚尖前;眼视右手背。

4.抬起,右手翻掌上举,手臂伸直,掌心向上,指尖向左,左拳变掌向后推按,掌心斜向下,指尖超前;抬头挺胸;眼视右手背。

图 4-3-2

5.右掌变拳,向前下落,收至腰间;左掌变拳,向前举至头前,再做右式,惟左右相反。最后,两臂下落于体侧,左脚收回,并步站立。

图 4-3-3

(四)五劳七伤往后瞧(图 4-3-4)

1.脚向前跨一大步,成左弓步;同时,两手侧分,再向前平举,高与肩平,掌心向下;眼视前方。

2.重心后移,左脚尖翘起外展;两臂屈肘,交叉合抱于胸前,掌心向里;眼随两手。

3.上体左转,重心前移,左脚踏实屈膝,右腿伸直,后跟提起;两手翻掌右前左后立掌撑开;眼视左手。

4.体右转,左脚向后收回;两臂向前合拢平举,下落于体侧,再做右式,惟左右相反。

图 4-3-4

(五)摇头摆尾去心火(图 4-3-5)

1.左脚向左平跨一大步,屈膝下蹲,成马步;两手经体侧上举,在头前交叉下落按于膝上,虎口向里;眼平视前方。(a)

2.上体向右前方深俯,最大幅度向左摇转,右腿蹬伸,重心左移,拧腰切胯;眼视右下方。(b)

3.上体向左前方深俯,最大幅度向右摇转,左腿蹬伸,重心右移,拧腰切胯;眼视左下方。(c,动作同b,左右相反)

图 4-3-5

4.上体直起,两手划弧胸前环抱,掌心向里,指尖相对;眼视前方。(d)

5.上体稍左转,两臂随之摆动。(e)

6.上体顺时针环绕一周,两臂随之平绕一周。(f)

7.上体逆时针环绕一周,两臂随之平绕一周,同6,惟左右相反。(g)

(六)双手攀足固肾腰(图4-3-6)

1.两臂体前上举至头顶,抬头挺胸。(a)

2.上体前俯,两手随之经体前下落,攀握脚尖,两膝伸直。(b)

3.上体直起,两手抓握左脚尖,牵动右腿上举,脚高于腰,两膝伸直。(c)

4.左腿全蹲,全脚掌着地,右腿高于水平。(d)

5.左腿蹬直,右脚高于腰。(e)

6.上体前俯,两膝伸直,两手抓握右脚尖下落与左脚靠拢。(f)

7.上体直起,两手松开,沿大腿内侧上行至腹前。(g)

8.两手左右分开,沿带脉向后按于肾俞穴;上体后仰、抬头。(h)

9.上体前俯,两手沿大腿后下移至脚踝,再沿脚外沿,向前攀握两脚尖。(i)

10.两手抓握左脚尖,做左式。(动作同c、d、e、f、g)

11.两手松开,沿脚外侧向后抱握脚踝,上体与腿贴紧,两膝伸直。(i)

12.两手松开,沿脚外侧向前摆动。(j)

13.上体直起,两手沿大腿内侧上行至腹前,左右分开落于体侧,并步站立。

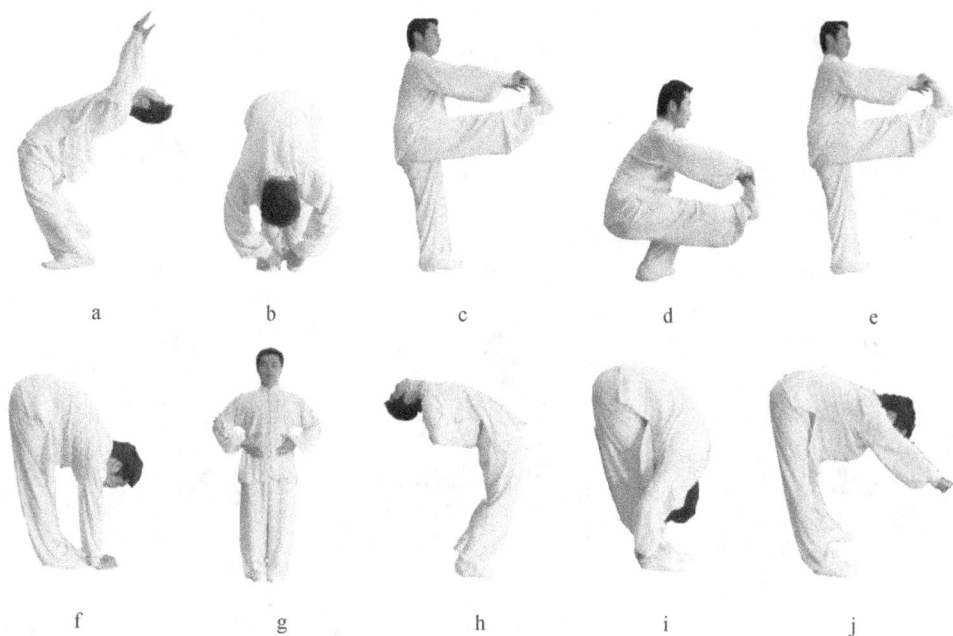

图 4-3-6

（七）攒拳怒目增气力（图 4-3-7）

1.左脚向左平跨一步，屈膝下蹲，成马步；两手握拳收至腰间。

2.左拳向前冲击，拳心向下；瞪目怒视左手。

3.左拳收回，右拳向前冲出，拳心向下；瞪目怒视右手。

4.右拳收回。上体左转，成左弓步；同时，两臂体前交叉上举至头上方，分开向下平劈拳，右拳在前，左拳在后，高与肩平；眼视右手。

5.上体右转 180°，成右弓步；同时，两臂下落，体前交叉上举至头上方，分开向下平劈拳，左拳在前，右拳在后，高与肩平；眼视左手。

6.上体左转，成马步；两臂屈肘，平收于胸前交叉，拳心向里。

7.两臂伸肘，向两侧崩弹拳。

8.两臂下落体侧，左脚收回，并步站立。

（八）背后七颠百病消（图 4-3-8）

1.脚跟上提，两臂屈肘，两手背后上行至脊柱两侧，按压于肾俞穴上；脚跟不着地，身体上下抖动 7 次，再尽力提踵，随之脚跟轻轻着地，两手落于体侧。

2.两臂从体侧举至头顶上方，掌心向上。再转掌心向下，经体前徐徐下按至腹前，两手分开，落于体侧。

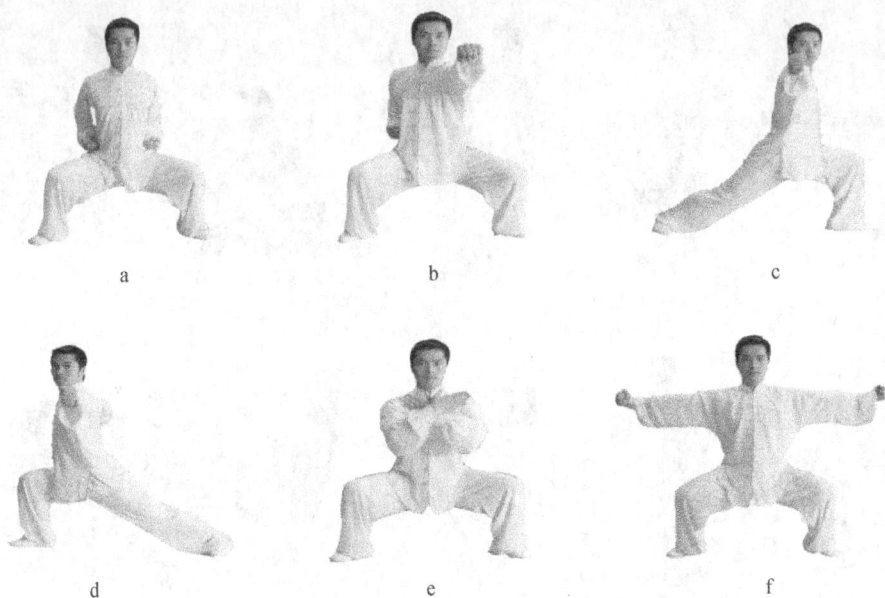

图 4-3-7

图 4-3-8

第四节　力量阳刚型职业人员的健身方法

　　高职学生的培养目标不同于本科生,其工作定位有其职业特色,很多学生毕业后要涉及体力劳动,因此,对于身体素质中力量素质的要求相对较高;另外,很多职业要求一种阳刚的气质类型,需要塑造一种干练的性格魅力。刀术具有勇猛剽悍等运动风格,通过刀术的学习可以展示自己身、刀配合的技巧,体现自己的性格魅力和刀术的健身价值,本节主要通过刀术勇猛多变的风格,从而展示男性职业人内在的性格气质。

一、初级刀术简介

　　初级刀术属于长拳类的刀术,它便于自学,既可单人练习,亦可集体演练。其演练风格是快速勇猛,与少林刀的风格基本相同。从难易程度上讲,它是初学者的套路,是武术爱好者的基础套路,是大、中、小学生喜闻乐见的套路。刀如猛虎,是指练习要勇猛、快速有力,刀术"四要"是指一要刚毅勇猛,二要快似流星,三要干净利索,四要杨柳临风。本节截取了经典的刀术动作主要是旨在锻炼学生果断、勇敢的气质类型,锻炼学生干脆利落的做事习惯,锻炼学生飘逸儒雅的气质类型,同时重在锻炼学生的力量与速度素质。

　　刀术中主要有缠头裹脑、劈、砍、斩、抹、挂、撩、刺、扫、搅、云等刀法。刀术的运动特点威猛剽悍、快速有力,其刀快步疾、缠裹绕身、倏忽纵横。主要以劈、砍、斩、削、扫等为主要内容的刀法,在其用法上多以腰助力,加大攻击力度,身法活便,以腰助力而发挥其猛狠的动势。

二、刀术基本动作

预备式

　　动作:两脚并步站立,眼睛平视前方。左手以拇指和虎口压住刀盘,食指和中指夹住刀柄,中指、无名指和小指握住刀盘,使刀背贴小臂,刀刃朝前,刀尖朝上,垂于上体左侧;右手五指并拢,垂于上体右侧(图4-4-1 、图4-4-2、图4-4-3、图4-4-4)。

图4-4-1　　　　　　图4-4-2　　　　　　图4-4-3　　　　　　图4-4-4

第一段

(一)弓步扎刀

　　动作:左脚不动,右脚迅速向前迈出成右弓步,左手应立即收回从腰部向后推掌,目视刀尖方向(图4-4-5)。

图4-4-5　　　　　　　　　　　　图4-4-6

　　要点:刀尖和右手、右肩要平行,上身略向前探。

（二）歇步藏刀

动作：右脚不动，左脚向前半步，身体重心迅速下降，全蹲成歇步，左掌收回腰部向前方平行推出，刀右前向下、向后收回，目视前方（图4-4-6）。

要点：上述动作必须连贯起来，一气呵成到位。

（三）弓步前刺

动作：右脚不动，左脚向前迈出成左弓步，左手由前向上、向后摆掌，刀由后收于腰间，刀尖向前平行前刺，目视刀尖前进方向（图4-4-7）。

图4-4-7

图4-4-8

要点：从歇步到弓步过渡要迅速，弓步和前刺动作要协调一致。

（四）插步撩刀

动作：左脚不动，右脚向前迈出一大步，膝盖微曲，右脚尖外展，上身向右后方微转，左手由后向上向前，刀由前，向下向后方撩出，上身前倾，目视刀尖方向（图4-4-8）。

要点：上述动作必须连贯，插步反撩时上身略向前倾。

（五）提膝抱刀

动作：左脚向前一大步，左脚尖外展，此时右脚迅速提膝，右脚尖微内扣，刀由后向下向前收回，立于胸前，左手掌心贴刀背（图4-4-9、图4-4-10）。

图4-4-9

图4-4-10

要点：动作完成时膝盖、腰部必须伸直挺拔，提膝独立要站稳。

（六）弓步推刀

动作：右脚原地落下后左脚迅速向前上步，成左弓步，刀尖由上到下，从腰部向前推出，上身前倾，刀尖朝下（图4-4-11）。

要点：推刀和左脚上步需同时完成，刀的力点在刀刃上，目视刀刃前方。

图4-4-11

图4-4-12

图4-4-13

（七）弓步藏刀

动作：原地向右后腿两步，右脚先退一步跟着左脚再退一步，刀由后到前，做裹脑刀藏于右边身后，左手向前平行推出，成右弓步（图4-4-12、4-4-13）。

要点：原地转身180°，扫刀必须迅速，藏刀时右大腿要做平，右手持刀使刀贴近右腿，刀尖藏于膝旁。

第二段

（一）提膝缠头

动作：①左脚不动右脚不动，左脚向前上步（图4-4-14）；

②左脚尖外撇，上身左转（图4-4-15）；

③左脚不动（图4-4-16）。

图4-4-14

图4-4-15

图4-4-16

要点：直立之腿，膝部必须挺直；脚底贴近裆前。上身正直，右臂稍离胸前，不要紧贴胸上。

（二）弓步平斩

动作：左脚不动，右脚向右侧落步（图4-4-17）。

要点：斩击时刀身要平，刀尖与腕部、肩部要平行。

（三）仆步带刀

动作：① 右手持刀臂外旋（图4-4-18）；

② 左腿屈膝全蹲，右腿挺膝（图4-4-19）。

图4-4-17

图4-4-18

图4-4-19

要点：翻刀、后带动作必须连贯。仆步时，脚外侧和脚跟均不可离地掀起，上身稍向左倾斜。

（四）歇步下砍

动作：①上身稍抬起（图4-4-20）；

②右脚不动，左脚从身后向右侧插步，两腿屈膝全蹲成歇步（图4-4-21）。

图 4-4-20　　　　　　　　　　　　　　　图 4-4-21

要点：上述分解动作，必须连贯起来做。下砍时，刀的着力点是刀身的后段。

（五）左劈刀

动作：①身体起立（图4-4-22）；

②身继续左转成左弓步（图4-4-23）；

③脚不动，右脚向左斜前方上步，右腿稍屈膝（图4-4-24）。

图4-4-22　　　　　　图4-4-23　　　　　　图4-4-24

要点：身、绕背、下劈的动作必须迅速连贯。

（六）右劈刀

动作：①上身稍起立并向右转（图4-4-25）；

②左脚向右斜前方上步，右腿稍屈膝（图4-4-26）。

图 4-4-25　　　　　　　　　　　　　　　图 4-4-26

要点：劈刀必须快速有力。

（七）歇步按刀

动作：①刀臂外旋屈肘（图4-4-27）；

②左脚前脚掌碾地使脚跟外展，右脚从身后向左侧插步（图4-4-28）；

③两腿屈膝全蹲成歇步（图4-4-29）。

图4-4-27　　　　　　　　图4-4-28　　　　　　　　图4-4-29

要点：歇步、绕刀、按刀的动作，必须快速连贯。

（八）马步平劈

动作：①两腿稍微蹬起，上身向右后转（图4-4-30）；

　　　②两腿屈膝半蹲成马步（图4-4-31）。

图 4-4-30　　　　　　　　　　　　　　图 4-4-31

要点：身、劈刀要快。成马步时，两脚尖要向里扣，大腿要坐平。

第三段

（一）弓步撩刀

动作：①左掌从上向右肩弧形绕环至右肩前，目视左掌（图4-4-32）；

　　　②上身左转（图 4-4-33）。

图 4-4-32　　　　　　　　　　　　　　图 4-4-33

要点：上步与撩刀必须同时进行。

（二）插步反撩

动作：①上身左转，右腿蹬直，左腿屈膝（图4-4-34）；

　　　②上身右转，左脚从身后向右侧插步（图4-4-35）。

要点：上述的分解动作，必须连贯，插步反撩时上身略向前俯。

（三）转身挂劈

动作：①以两脚前脚掌为轴碾地，使上身向左后翻转（图4-4-36）；

图 4-4-34

图 4-4-35

②上身继续向左后转(图 4-4-37);

③左脚不动,右脚向右跨步(图 4-4-38);

④右腿伸直,上身略向右倾(图 4-4-39)。

图4-4-36

图4-4-37

图4-4-38

图4-4-39

要点:挂刀时,必须反屈腕,挂刀和劈刀的动作要连贯,站稳。

(四)仆步下砍

动作:①左脚在左侧落步(图 4-4-40);

②左腿屈膝全蹲,右腿伸直平铺成仆步(图 4-4-41)。

图 4-4-40

图 4-4-41

要点:砍时,刀的着力点是刀身后段。

(五)架刀前刺

图4-4-42

图4-4-43

图4-4-44

动作:①左腿蹬地起立并向右侧上步(图 4-4-42);

②以左脚前脚脚掌为轴碾地(图 4-4-43)；

③右脚向前落步(图 4-4-44)。

要点：步架刀、提膝转身、弓步前刺的动作必须迅速连贯。

（六）左斜劈

动作：①以两脚前脚掌碾地使上身向右转(图 4-4-45)；

②左腿屈膝提起(图 4-4-46)。

图 4-4-45

图 4-4-46

要点：膝独立要稳，斜劈要快速有力。

（七）右斜劈

动作：①左脚向前落步(图 4-4-47)；

②上身向右后转，右腿随之提膝离地(图 4-4-48)。

图 4-4-47

图 4-4-48

要点：同左斜劈。

（八）虚步藏刀

动作：①右脚向后落步伸直，左腿屈膝(图 4-4-49)；

②身体重心后移，左脚后退半步(图 4-4-50)；

图4-4-49

图4-4-50

图4-4-51

③右手持刀从左肩外侧向下,掌指朝上(图4-4-51)。

要点:绕刀时,必须使刀背贴靠脊背绕行。

第四段

(一) 旋转扫刀

动作:①左脚踩实(图4-4-52);

②左脚尖外撇,右脚上步,上身左转(图4-4-53);

③左脚从身后向右侧方插步(图4-4-54);

④两腿屈膝全蹲成歇步(图4-4-55);

⑤上身向左后转,低扫一周(图4-4-56)。

图4-4-52

图4-4-53

图4-4-54

图 4-4-55

图 4-4-56

要点:旋转扫刀必须快速,刀身要平,要低。

(二) 翻身劈刀

动作:①上身右转,同时右手持刀向右侧下劈(图4-4-57);

②右脚向左侧摆起,左脚蹬地跳起,同时上身向左后翻转。右脚向前落地(图4-4-58);

③上身继续向后转(图4-4-59)。

图4-4-57

图4-4-58

图4-4-59

要点：翻身跃步要远不要高，劈刀要抡圆。

（三）缠头箭踢

动作：①左脚蹬直使上身立起（图4-4-60）；

　　　②在空中右手持刀作缠头动作（图4-4-61）。

图4-4-60　　　　　　　　　　　　　图4-4-61

要点：缠头和箭踢的动作必须先后相应地协调进行。

（四）仆步按刀

动作：①上身右转，目视刀身（图4-4-62）；

　　　②右腿屈膝收回（图4-4-63）；

　　　③上身向右后转（图4-4-64）；

　　　④右腿屈膝全蹲，左腿伸直平铺成仆步（图4-4-65）。

图4-4-62　　　　　　图4-4-63　　　　　　图4-4-64　　　　　　图4-4-65

要点：向右后方劈刀要快速有力，纵跳和向右后转身要借助劈刀的惯性。

（五）缠头蹬腿

动作：①右腿蹬直立起，左膝提起成独立（图4-4-66）；

　　　②上身左转（图4-4-67）；

　　　③左掌向左平摆，掌心朝下（图4-4-68）；

图4-4-66　　　　　　图4-4-67　　　　　　图4-4-68

④左腿屈膝半蹲,右腿成左弓箭步(图4-4-69);

⑤右脚脚尖上跷,用脚跟向前上方蹬腿(图4-4-70)。

图 4-4-69

图 4-4-70

要点:缠头时必须使刀背绕裹左膝后顺脊背绕行,动作要迅速。

(六)虚步藏刀

动作:①右脚向前落步(图4-4-71);

②左脚向前跃步,右脚趁势提起(图4-4-72);

③右脚向后落步(图4-4-73);

④左掌从左侧向下、向右腋处弧形绕环后附于右腕处(图4-4-74);

⑤右腿屈膝半蹲(图4-4-75)。

图4-4-71

图4-4-72

图4-4-73

图 4-4-74

图 4-4-75

要点:跃步、转身、落步的动作必须与刀平扫,绕背动作要协调一致。

(七)弓步缠头

动作:①左脚向左前方上半步,挺膝伸直(图4-4-76);

②右腿挺膝伸直(图4-4-77)。

要点:缠头时必须使刀背贴靠脊背绕行,扫刀要迅速。

(八)并步抱刀

动作:①左腿伸直,右腿屈膝,上身右转(图4-4-78);

图 4-4-76

图 4-4-77

②顺扫刀之势右臂外旋(图 4-4-79)。

图4-4-78

图4-4-79

图4-4-80

图4-4-81

要点:并步与接刀的动作要协调一致。

结束动作

动作:①左手将刀接回(图 4-4-80);

②左脚向右脚靠拢,并步直立(图 4-4-81)。

要点:退步、撤步与绕掌的动作要连贯迅速。

第五节　礼仪性职业人员的健身方法

在高职教育中很多专业(例如酒店管理和文秘)需要现代职业人具有一定的身体姿态与礼仪。因此,职业人需要与自身职业相应的身体姿态和身体语言。"剑似游龙",剑术讲究身法,呈现出轻快敏捷、灵活多变、潇洒飘逸、姿势优美的运动特点,剑术练习可以锻炼人挺拔的身体姿态和良好的身形;太极扇典雅大方、细腻柔美、声形并茂、形神兼备。练习过程以意导扇、扇人合一、扇走美势,阴阳开合、左右交替、动静相间、刚柔并济。本节针对礼仪性职业人员的锻炼需求编写了健身方法——初级剑和太极功夫扇,以供选学。

一、初级剑术

(一)套路简介

剑术是由劈、崩、斩、刺、撩、抹、挑、挂等主要剑法和另一手剑指,配合弓、仆、虚、歇等基本步型和身法以及平衡、跳跃等动作构成套路。练习时要求手、眼、身、步与器械高度的协调配合,做到手腕灵活、剑法清楚、"身剑合一"。由于剑是双刃兵器,故在练习时不能出现缠头、裹脑、绕背、缠腰等动作。本剑术从预备式开始起势,共分 4 段。

（二）剑术基本动作

预备势（图 4-5-1）

要点：身体正直，并步站立，左手持剑，右手握成剑指。两臂在体侧下垂，两肘微上提，上身微挺胸、收腹，双目向左平视。

图 4-5-1

第一段

（一）起势（图 4-5-2 至图 4-5-9）

要点：两臂屈肘微上提与向左转头动作要快捷，并步前指时上体稍前倾，右手接握左手之剑时要紧贴剑的护手盘，五部分动作要协调连贯。

图 4-5-2　　　　　　图 4-5-3　　　　　　图 4-5-5　　　　　　图 4-5-5

图 4-5-6　　　　　　图 4-5-7　　　　　　图 4-5-8　　　　　　图 4-5-9

（二）弓步直刺（图 4-5-10）

要点：做弓步时，前腿屈膝蹲平。两脚的全脚掌全部着地。上身稍向前倾，腰要向左拧转、下塌，臀部不要突起。两肩松沉，右肩前倾，左肩后引。剑尖稍高于肩。

图 4-5-10　　　　　　图 4-5-11　　　　　　图 4-5-12

（三）回身后劈（图 4-5-11）

要点：上步、转身、平劈和剑指向上侧举必须协调一致。转身后，腰要向后拧转，左脚不要移动。剑身和持剑臂必须成直线。

（四）弓步平抹（图 4-5-12）

要点：抹剑时，手腕用力须柔和。

（五）弓步坐撩（图 4-5-13，图 4-5-14）

图4-5-13　　　　　　　　图4-5-14　　　　　　　　图4-5-15

要点：剑由前向后和由后向前弧形撩起时，必须与提膝和向前落步的动作协调一致，握剑不可太紧。形成弓步后，上身略向前倾，直背、收臀，剑尖稍低于剑指。

（六）提膝平斩（力图 4-5-15）

要点：剑从左向后平绕时，上身必须后仰，使剑从脸部上方平绕而过，不可从头顶绕行。提膝时，左腿必须挺膝伸直站稳，右腿屈膝尽量上提，右脚贴护裆前，上身稍向前倾，挺胸、收腹。

（七）回身下刺（图 4-5-16）

要点：右手持剑要先屈肘收于身前，在右脚向前落步和上身右转的同时，使剑用力刺出。左腿伸直，右腿稍屈，腰向右拧转，剑指、两臂和剑身须成一直线。

（八）挂剑直刺（图 4-5-17 至图 4-5-19）

图4-5-16　　　　　　　图4-5-17　　　　　　　图4-5-18　　　　　　　图4-5-19

要点：挂剑、下插、直刺三个分解动作必须连贯，它们与跨步、提膝、转身、弓步的动作要协调一致。弓步直刺后，两脚全脚掌均着地，上身稍向前倾，挺胸、塌腰。

（九）虚步架剑（图 4-5-20，图 4-5-21）

要点：虚步必须虚实分明，右肘略屈使剑身成立剑架于前额上方，左臂伸直，剑指稍过肩。

图4-5-20　　　　　　　图4-5-21　　　　　　　图4-5-22　　　　　　　图4-5-23

第二段

（一）虚步平劈（图 4-5-22）

要点：虚步必须虚实分明，劈剑时手腕要挺直。

（二）弓步下劈（图 4-5-23）

要点：劈剑时，右肩前顺，左肩后引，剑尖与手、肩成一直线。

（三）带剑前点（图 4-5-24，图 4-5-25）

| 图4-5-24 | 图4-5-25 | 图4-5-26 | 图4-5-27 |

要点：向前点击时，右臂前伸、屈腕，力点在剑尖，手腕稍高于肩。成丁步后，右大腿尽量蹲平，左脚脚背绷直，脚尖点在右脚脚弓处，两腿必须并拢。上身稍前倾，挺胸、直背、塌腰。

（四）提膝下截（图 4-5-26，图 4-5-27）

要点：剑从右向左的圆形划弧下截是一个完整动作，必须连贯起来做。左膝尽量高提，脚背绷直；右腿膝部挺直，站立要稳。右臂和剑身成一直线，剑身斜平。

（五）提膝直刺（图 4-5-28，图 4-5-29）

要点：抱剑与落步，直刺与提膝，必须协调一致。

（六）回身平绷（图 4-5-30，图 4-5-31）

| 图4-5-28 | 图4-5-29 | 图4-5-30 | 图4-5-31 |

要点：收剑和平绷两个动作要必须连贯起来做。平绷时，用力点在剑的前端；平绷后，上身向右扭转，但左脚不得移动。

（七）歇步下劈（图 4-5-32）

要点：成歇步时，左大腿盖压在右大腿上面，左脚全掌着地，右脚脚跟离地，臀部坐在右小腿上。劈剑时，右臂尽量向前下方伸直，剑身与地面平行。劈剑与跃步成歇步动作须同时完成。

（八）提膝下点（图 4-5-33，图 4-5-34）

图4-5-32　　　　　　　　　　图4-5-33　　　　　　　　　　图4-5-34

要点：仰身外绕剑与提膝下点两个动作必须连贯，同时完成。右腿独立时，膝部要挺直，左膝尽量上提。点剑时，右手腕要下屈，剑身、右臂、左臂和剑指要在同一垂直面内。

第三段

（一）并步直刺（图 4-5-35，图 4-5-36）

要点：两腿半蹲时大腿要蹲平，两膝、两脚均须紧靠并拢。上身前倾，直背、落臀。两臂伸直，剑尖与肩相平。

图4-5-35　　　　　　　　　　图4-5-36　　　　　　　　　　图4-5-37

（二）弓步上挑（图 4-5-37）

要点：左臂伸直，左肩前顺，剑指略高过肩；右臂直上举，剑刃朝前后。上身挺胸、直背、塌腰。

（三）歇步下劈（图 4-5-38）

要点：劈剑时右臂尽量向前下方伸直，剑身与地面平行。

（四）右截腕（图 4-5-39）

图4-5-38　　　　　　　　　　图4-5-39　　　　　　　　　　图4-5-40

要点:两腿虚实必须分明,上身稍向前倾,剑身平横于右额前上方,剑尖稍高于剑柄。

(五)左截腕(图 4-5-40)

要点:同上述右截腕。

(六)跃步上挑(图 4-5-41,图 4-5-42)

图 4-5-41　　　　　　　　　　　　　　　　　图 4-5-42

要点:跃步和上挑动作必须协调一致,迅速进行。挑剑时,腕部要猛然用力上屈。形成平衡动作后,右腿略屈膝站稳,左小腿尽量向上抬起。上身向右扭转,剑身斜举于右侧上方,持剑手略松,便于手腕上屈。

(七)仆步下压(图 4-5-43,图 4-5-44)

图 4-5-43　　　　　　　　图 4-5-44　　　　　　　　图 4-5-45

要点:做仆步时,左腿要全蹲,臀部紧靠脚跟,不要凸起,两脚全脚掌均着地。上身前探时要挺胸,两肘略屈环抱于身前。

(八)提膝直刺(图 4-5-45)

要点:右腿独立须挺膝站稳,左膝尽量上提,脚背绷直、脚尖下垂。上身稍右倾,右肩、右臂和剑身要成一直线,左臂屈成半圆形。

第四段

(一)弓步平劈(图 4-5-46)

要点:向前劈剑和剑指绕环这两个动作必须协调一致、同时完成,两肩要放松。

(二)回身后撩(图 4-5-47)

要点:右脚站立要稳,左脚脚背绷直,上身挺胸,两肩放松。

(三)歇步上绷(图 4-5-48,图 4-5-49)

要点:向前跃步、歇步和剑尖上绷三个动作要连贯协调。跃步要远,落地要轻(前脚掌

图 4-5-46

图 4-5-47

图 4-5-48

图 4-5-49

先着地）。上绷时腕部要猛然用力上屈,剑尖高与眉平。歇步时上身前俯,胸需内含。

（四）弓步斜削（图 4-5-50,图 4-5-51）

图 4-5-50

图 4-5-51

要点:斜削时右臂稍低于肩,剑尖斜向脸前右上方,略高于头;左臂在身后侧平举,剑指指尖略高于肩部。

（五）进步左撩（图 4-5-52,图 4-5-53）

图 4-5-52

图 4-5-53

要点:上述两个剑身的划弧动作,必须连贯成一个完整的绕环动作。撩剑后,右腿微屈,左腿伸直,身体重心落于右腿,剑尖稍微朝下。

（六）进步右撩（图 4-5-54，图 4-5-55）

图 4-5-54

图 4-5-55

要点:同上述进步左撩,唯左右相反。

（七）坐盘反撩（图 4-5-56）

图 4-5-56

要点:坐盘必须与反撩剑动作协调进行。坐盘时左腿盘坐地面,左脚背外侧着地;右腿盘落于左腿上,全脚掌着地,脚尖朝身前。上身倾俯时胸要内含,剑尖与右臂、左肘、左肩成一直线。

（八）转身云剑（图 4-5-57，图 4-5-58）

图 4-5-57

图 4-5-58

要点:转身和云剑动作必须连贯,云剑要平、要快,腕关节放松使之灵活。

（九）结束动作（图 4-5-59，图 4-5-60）

要点:中心落于右腿,上身前倾,挺胸、塌腰,两肩松沉,左肘略上提,剑身紧贴前臂后侧,并与地面垂直。

图 4-5-59

图 4-5-60

二、太极功夫扇

（一）太极功夫扇简介

太极扇具有典雅大方、细腻柔美、声形并茂、形神兼备的特点。健身太极扇是在太极拳的基础上结合扇术基本方法创编而成的武术健身套路，兼具太极拳和扇术的风格特点，具有以意导扇、扇人合一、扇走美势等运动特点，更具有强身健体、畅经活血、陶情冶志等独特的养生健身功效。太极扇内容丰富，扇技细腻缠绵，编排严密紧凑，演练起来阴阳开合、左右交替、动静相间、长短互补、刚柔并济、高潮迭起、引人入胜。

"太极功夫扇"不仅易于推广，并适合在校园开展。团体表演，既能反映学子们团结一致、积极向上的青春活力和团队精神，也能表现出整体演练的恢弘场面和磅礴气势；既符合大学生强身健体、陶冶情操的需求，也引导大家在练习的过程中了解、学习中国武术及传统文化，感受现代和传统的文化特点，体现和诠释新武术。鲜明特征在于"载歌载武、快慢相间；活泼新颖、刚柔相济；演练并举、情趣盎然；强身健体、陶冶情操"。

（二）太极功夫扇基本动作

预备势（图 4-5-61）

第一段

（一）起势（开步抱扇，图 4-5-62）

要点：表演时也可先报扇敬礼，然后左脚向左开步。

（二）斜飞势（侧弓步举）

1.收脚抱手（图 4-5-63）；

2.开步插手（图 4-5-64）；

3.侧弓步举扇（图 4-5-65）。

图 4-5-61

图 4-5-62

图 4-5-63

图 4-5-64

图 4-5-65

要点:①开步插手时,两臂斜上斜下交叉。

②斜身分靠时上体侧倾,头与躯干顺直舒展,沉肩顶头。

(三)白鹤亮翅(虚步亮扇)

1.转腰摆扇(图 4-5-66);

2.转腰分掌(图 4-5-67);

3.虚步开扇(图 4-5-68)。

图4-5-66

图4-5-67

图4-5-68

要点:①重心移动、转腰与两臂交叉要同时进行。

②虚步与开扇要同时完成。扇骨上下竖直,扇面平行于身体,扇正面(光滑面)朝
前,背面(小扇骨面)朝内,扇沿向左。

③本势采自杨式太极拳,要求中正安舒。

(四)黄蜂入洞(进步刺扇)

1.合扇收脚(图 4-5-69);

2.转身上步(图 4-5-70);

3.弓步平刺(图 4-5-71)。

图4-5-69

图4-5-70

图4-5-71

要点：①右手先合扇。继而以腰带臂，以臂带扇，收脚，横扇与左掌绕转要同时完成。

　　　②扇卷落时，右臂外旋，手心向上，扇顶指向前方。

　　　③刺扇时转腰顺肩，扇与右臂成直线。

　　　④本势采自三十二式太极剑，要求上体保持正直，步法轻起轻落。

（五）哪吒探海（弓步下刺）

1.后坐收扇（图4-5-72）；

2.扣脚下转体（图4-5-73）；

3.弓步下刺（图4-5-74）。

要点：①后坐收扇时，身体向左、向右转动；右手持扇向左、向右划弧收于胸前。

　　　②此势采自四十二式太极剑。碾脚转体时，立腰、竖颈、顶头、提膝、身体保持端正平稳。弓步刺扇时上体略向前倾。

图4-5-72　　　　　　　　图4-5-73　　　　　　　　图4-5-74

（六）金鸡独立（独立撩扇）

1.收脚绕扇（图4-5-75）；

2.上步绕扇（图4-5-76）；

3.独立撩扇（图4-5-77）。

图4-5-75　　　　　　　　图4-5-76　　　　　　　　图4-5-77

要点：①转腰，收脚上步与绕扇要协调一致。

　　　②提膝，开扇要协调一致，身体要保持中正稳定。

　　　③开扇后扇骨水平，扇沿向上，扇面与地面垂直。

（七）力劈华山（转身劈扇）

1.落脚合扇（图4-5-78）；

2.盖步按扇（图4-5-79）；

3. 翻身绕扇（图 4-5-80）；

4. 弓步劈扇（图 4-5-81）。

图4-5-78　　　　　图4-5-79　　　　　图4-5-80　　　　　图4-5-81

要点：①盖步按扇要以腰为轴，带动四肢。转腰合胯，提腿盖步，绕臂按扇要协调一致。

②翻身绕扇时，扇要贴身走立圆。

③弓步劈扇方向为正东，右臂与肩同高。下劈开扇后扇骨水平，扇面倒立，扇沿向下。

（八）灵猫扑蝶（翻身抡压）

1. 转体摆掌（图 4-5-82）；

2. 上步抡扇（图 4-5-83）；

3. 弓步压扇（图 4-5-84）。

图4-5-82　　　　　　图4-5-83　　　　　　图4-5-84

要点：①转身上步抡扇要以腰带臂，两臂贴身抡摆成立圆。抡扇时扇面与抡摆弧线保持垂直。

②正反压扇时扇面接近水平，略低于膝。两臂向前下方和后上方伸直；上方探身前倾。弓步方向正东。

（九）坐马观花（马步亮扇）

1. 虚步合扇（图 4-5-85）；

2. 退步穿扇（图 4-5-86，图 4-5-87）；

3. 马步展扇（图 4-5-88）。

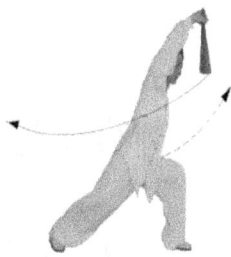

图4-5-85　　　　　　图4-5-86　　　　　　图4-5-87　　　　　　图4-5-88

要点:①虚步合扇采自高探马动作,要求转腰顺肩,立身中正。

②退步穿扇时,应扇顶在前,扇骨沿身体向背后穿出。

③马步展扇时,两脚平行;扇面朝西偏南。

第二段

(一)野马分鬃(弓步削扇)

1.转腰合臂(图4-5-89);

2.弓步削扇(图4-5-90)。

图 4-5-89　　　　　　　　　　　图 4-5-90

要点:①合臂削扇都要以腰带臂,腰肢协调一致。

②此势采自查拳动作,要求舒展挺拔,放长击远。弓步方向正西。

(二)雏燕凌空(并步亮扇)

1.转腰穿掌(图4-5-91);

2.并步亮扇(图4-5-92)。

要点:①此势为长拳动作,要求顶头、挺胸、收腹、身体挺拔直立。

②并步、抱拳、开扇、转腰、甩头要整齐协调一致,干脆有力。

③亮扇方法同前述(三)白鹤亮翅,惟右手直臂上举。

(三)黄蜂入洞(进步刺扇)

1.摆掌上步(图4-5-93);

2.弓步直刺(图4-5-94)。

要点:①刺扇与弓步要协调一致。

②动作要干脆利落,舒展有力。

图 4-5-91

图 4-5-92

图 4-5-93

图 4-5-94

（四）猛虎扑食（震脚推扇）

1.震脚收扇（图 4-5-95）；

2.弓步推扇（图 4-5-96）。

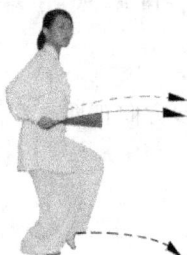

图 4-5-95

图 4-5-96

要点：①此势为长拳动作，要求快速有力，干脆利落。

②震脚时提脚高不过踝，踏落全脚着地，快速有力。两脚换接紧密，不可跳跃。

（五）螳螂捕蝉（戳脚撩扇）

1.转腰绕扇（图 4-5-97）；

2.分手绕扇（图 4-5-98）；

3.戳脚撩扇（图 4-5-99）。

图4-5-97   图4-5-98   图4-5-99

要点:①翘脚要求脚跟擦地,脚尖上翘,上腿向前摆踢。

②开扇方向为正东,扇骨与右臂平行斜向前下方,右手高与腹平;扇面斜立在右腿前上方。

(六)勒马回头(盖步按扇)

1.合扇转身(图4-5-100);

2.盖步按扇(图4-5-101)。

图 4-5-100   图 4-5-101

要点:转体盖步要以腰为轴,转腰挥臂,提腿合胯,盖步按扇,衔接协调连贯。

(七)鹞子翻身(弓步藏扇)

1.翻身绕扇(图4-5-102);

2.撤步藏扇(图4-5-103)。

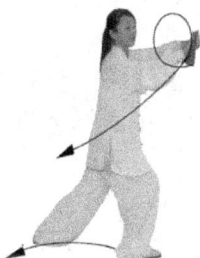 

图 4-5-102   图 4-5-103

要点:翻身时,挺胸、仰头、翻腰、以腰带臂。弓步方向正东。

（八）坐马观花（马步亮扇）

1.返身穿扇（图 4-5-104，图 4-5-105）；

2.马步展扇（图 4-5-106）。

图4-5-104　　　　　　　图4-5-105　　　　　　图4-5-106

要点：①穿扇时扇顶朝前，扇骨贴身，反手后穿。

　　　②马步展扇时，两脚平行；扇面朝西偏南。

第三段

（一）举鼎推山（马步推扇）

1.转体收扇（图 4-5-107）；

2.马步推扇（图 4-5-108）。

图4-5-107　　　　　　　图4-5-107　　　　　　图4-5-108

要点：①此动作采自四十二式太极剑，推扇应快速发力，与转腰跨步密切配合。

　　　②左脚滑步应根据右脚跨步大小灵活掌握。

（二）神龙回首（转身刺扇）

1.转体收扇（图 4-5-109）；

2.弓步平刺（图 4-5-110）。

要点：①转腰收脚与收扇收掌要协调一致。

　　　②弓步平刺的方向为正东。

（三）挥鞭策马（叉步反撩）

1.撇脚绕扇（图 4-5-111）；

2.上步绕扇（图 4-5-112）；

3.叉步反撩（图 4-5-113）。

图 4-5-109

图 4-5-110

图4-5-111

图4-5-112

图4-5-113

图4-5-113

要点：①动作要连贯；叉与开扇亮掌要整齐。

②撩扇方向正东，右臂斜向下，扇骨与右臂平行，扇沿斜向上。

③叉步时，右脚尖外撇，右腿屈膝，左脚跟提起，左腿蹬直；塌腰挺胸，上体右转。

（四）立马扬鞭（点步挑扇）

1. 转身挑扇（图 4-5-114）；

2. 点步推掌（图 4-5-115）。

图 4-5-114

图 4-5-115

要点：①挑扇时右臂伸直摆动上举。

②点立步时重心在后腿，前脚掌虚点地面，两腿皆挺膝伸直，上体向上伸拔。

③推掌高与肩平，方向为正西。

（五）怀中抱月（歇步抱扇，图 4-5-116）

要点：两臂合抱贴近胸前，右手持扇在外，扇面与身体平行，方向为正南。

（六）弓步削扇（图 4-5-117）

图 4-5-116　　　　　　　　　　　　　图 4-5-117

第四段

（一）顺弯肘（马步顶肘）

1.马步合扇（图 4-5-118）；

2.马步顶肘（图 4-5-119）。

图 4-5-118　　　　　　　　　　　　　图 4-5-119

要点：①此势采自陈式太极拳，顶肘发力要松快短促，两拳屈收，贴近胸部。

②顶肘后迅速放松，使两臂产生反弹顿挫。

（二）裹鞭炮（马步翻砸）

1.转腰合臂（图 4-5-120）；

2.抡臂叠拳（图 4-5-121）；

3.马步翻抖（图 4-5-122）。

图4-5-120　　　　　　图4-5-121　　　　　　图4-5-122

要点：①此势也是陈式太极拳发力动作。抖拳时要沉肩垂肘，气沉丹田。

②发力后两拳松握制动，产生反弹抖动。

（三）前招势（虚步拨扇）

1.转体摆掌（图 4-5-123）；

2.虚步拨扇（图 4-5-124）。

图 4-5-123　　　　　　　　　　　　　　图 4-5-124

要点：①移动要平稳，步法要轻灵。

②虚步的方向为正东。

（四）双震脚（震脚拍扇）

1.屈蹲分扇（图 4-5-125）；

2.蹬跳托扇（图 4-5-126）；

3.震脚拍扇（图 4-5-127）。

图 4-5-125　　　　　　　图 4-5-126　　　　　　　图 4-5-127

要点：①本势也是陈式太极拳发力动作。

②两手上托与摆腿蹬地要一致；身体跃起后左右脚依次下落，震踏地面两响。

（五）龙虎相交（蹬脚推扇）

1.提膝收扇（图 4-5-128）；

2.蹬脚推扇（图 4-5-129）。

要点：①蹬脚和推扇快速有力，同时完成，方向为正东。

②身体要正直、站稳。

（六）玉女穿梭（望月亮扇）

1.落脚合臂（图 4-5-130）；

2.插步展臂（图 4-5-131）；

3.后举腿亮扇（图 4-5-132）。

图 4-5-128

图 4-5-129

图4-5-130

图4-5-131

图4-5-132

要点：①上插步时速度要快，也可做成跳插步。

②开扇挑掌与后举腿要协调一致。同时拧腰、挺胸、转头，右腿屈膝后举，身体成反弓形。扇骨竖直，扇面向南。

（七）天女散花（云扇合抱）

1.开步抱扇（图 4-5-133）；

2.开步云扇（图 4-5-134）；

3.插步抱扇（图 4-5-135）。

图4-5-133

图4-5-134

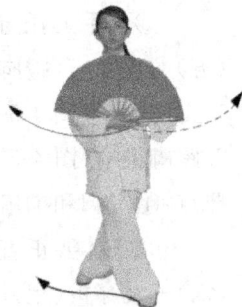

图4-5-135

要点：①抱扇高度以扇沿顶与下颏齐平为宜。

②云扇时仰头挺胸，腕指要灵活。扇面在头上翻转平云，与（二十四）合扇云摆

不同。

（八）霸王扬旗（歇步亮扇）

1.开步展臂（图4-5-136）；

2.歇步亮扇（图4-5-137）。

 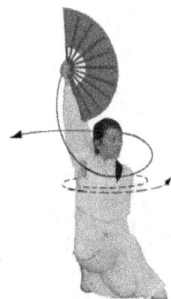

图 4-5-136　　　　　　　　　　　　　　　图 4-5-137

要点：歇步与开扇、收掌、甩头要协调一致。扇骨上下竖直，扇面向南，胸向东南。

（九）搂膝拗步（弓步戳扇）

1.摆掌合扇（图4-5-138）；

2.转身上步（图4-5-139）；

3.弓步戳扇（图4-5-140）。

图4-5-138　　　　　　　　　图4-5-139　　　　　　　　　图4-5-140

要点：①拗弓步时，为保重心稳定，两脚左右宽度要保持30厘米左右。

②戳扇时扇根朝前，扇骨水平。前戳、下搂和弓腿同时到位。

（十）单鞭下势（仆步穿扇）

1.转身勾手（图4-5-141）；

2.仆步穿扇（图4-5-142）。

要点：①转身勾手时重心仍在左脚。

②仆步开扇后扇骨与地面平行，扇面立于右腿内侧上方。

（十一）挽弓射虎（弓步架扇）

1.弓腿起身（图4-5-143）；

2.转腰摆臂（图4-5-144）；

3.弓步架扇（图4-5-145）。

图 4-5-141

图 4-5-142

图4-5-143

图4-5-144

图4-5-145

要点：①转腰与摆臂要协调一致。

②定势时，弓步方向为正西，上体半面左转，冲拳方向正南；架扇扇沿向上，扇骨水平，扇面朝南。

（十二）白鹤亮翅（虚步亮扇）

1.转腰合扇（图 4-5-146）；

2.转腰分掌（图 4-5-147）；

3.虚步亮扇（图 4-5-148）。

图4-5-146

图4-5-147

图4-5-148

要点：同（三）白鹤亮翅。

（十三）收势（抱扇还原）

1.开步平举（图 4-5-149）；

2.并步抱扇（图 4-5-150）；

3.垂臂还原（图 4-5-151）。

图4-5-149

图4-5-150

图4-5-151

要点：①开步平举时，右手先合扇，再收脚展臂平举。

　　　②并步与抱扇要同时。

思考题

根据自己的专业特点和自身气质类型，选择并掌握相应的一套练习方法，并进行巩固。

第五章　运动损伤的急救及预防

第一节　一般性损伤及处理方法

一、运动损伤的概念和分类

1.定义：体育运动中，造成人体组织或器官在解剖上的破坏或生理上的紊乱，称为运动损伤。

2.分类：运动损伤按时间可分为新伤和旧伤；按病程可分为急性损伤和慢性损伤；按性质可分为开放性损伤和闭合性损伤；按程度可分为轻度、中度损伤和重伤。

二、运动损伤发生的原因

1.认识不足，措施不当。对运动损伤预防的重要性认识不足，未能积极采取有效的预防措施，易导致运动损伤的发生。

2.准备运动不足：不做准备活动就进行激烈的体育活动，易造成肌肉损伤、扭伤；准备活动敷衍了事，在神经系统和各器官系统的功能尚未达到适宜水平；准备活动的内容不得当；过量的准备活动致使身体功能不是处于最佳状态而是有所下降。

3.不良的心理状态：如缺乏经验、思想麻痹、情绪急躁；或在练习中因恐惧、害羞而产生犹豫不决和过分紧张等。

4.体育基础差、身体素质差，或动作要领掌握不正确，一时不能适应体育活动的需要，或不自量力，容易发生损伤事故。

5.不良的气候变化。如过高的气温和潮湿的天气，导致大量出汗失水；在冰雪寒冷的冬季易发生冻伤或其他损伤事故。

6.组织纪律混乱和违反活动规定也是造成伤害事故的原因。

三、常见运动损伤

1.开放性软组织损伤

（1）擦伤：是皮肤表面与粗糙的物体相摩擦而引起的皮肤表层损伤，主要征象为表皮剥脱，有少量出血和组织液渗出。轻度擦伤，伤口干净者一般只要涂上红药水或紫药水即可自愈。重度擦伤：首先需要止血，有冷敷法（讲解）、抬高肢体法、绷带加压包扎法、手指直接指点压止血法。冷敷法：可使血管收缩,减少局部充血,降低组织温度抑制神经的感觉,因而有止血、止痛、防肿的作用,常用于急性闭合性软组织损伤。

(2)鼻出血(鼻部受外力撞击而出血)：应使受伤者坐下,头后仰,暂时用口呼吸,鼻孔用纱布塞住,用冷毛巾敷在前额和鼻梁上,一般即可止血。

(3)裂伤：是因钝器打击引起皮肤和软组织的撕裂,伤口边缘不整齐,组织损伤广泛,出血较多,严重者可导致组织坏死。如受刀、器物打击而引起的裂伤。

(4)刺伤：是因尖细物体刺入人体所致。其特点是伤口细小,但较深,可能伤及深部组织或器官,或者将异物带入伤口深处,容易引起感染。

(5)切伤：是因锐器切入皮肤所致。伤口边缘整齐,多呈直线,出血较多,但周围组织损伤较轻。深的切伤可切断大血管、神经、肌腱等组织。如受刀砍劈而引起的切伤。

这些损伤的特点是有出血和伤口,所以处理时必须进行止血和保护伤口。小面积的皮肤擦伤、污染不重者用红药水或紫药水涂抹即可,一般不需包扎。关节部位擦伤可在创面上涂抹消炎软膏并用纱布绷带包扎。大面积擦伤,污染较重者要用生理盐水冲洗伤口,将污物洗净,再用凡士林纱布绷带覆盖伤口,并以绷带加压包扎。

裂伤、刺伤和切伤,轻者可先用碘酒或酒精将伤口周围皮肤消毒,然后在伤口撒消炎粉,用消毒纱布覆盖,加压包扎。小的裂口,伤口消毒后可用粘膏黏合。裂口较长和污染较重者,应由医生做清创术,清除伤口内的污染和异物,切除失去活力的组织,彻底止血,缝合伤口。凡伤情和污染严重者,应口服或注射抗菌药物,预防感染。凡被不洁物致伤且伤口小而深者,应注射破伤风抗毒素 1500～3000 国际单位,预防破伤风的发生。

2.闭合性损伤

闭合性损伤主要有：

(1)挫伤：人体某部遭受钝性暴力作用而引起该处及其深部组织的闭合性损伤,称为挫伤,又称撞伤。如在对练过程中,被对方踢伤或打伤。

征象：根据受损的部位以及打击时力量的大小不同,其表现有所不同。以皮肤、皮下组织和肌肉挫伤最常见,这种没有并发症的挫伤称为单纯性挫伤。病理变化主要为皮肤,皮下组织受到损害,淋巴管与小血管破裂,部分肌纤维损伤或断裂,组织内有渗出液和出血。主要症状有疼痛、肿胀、压痛、局部皮肤青紫及功能障碍等。

挫伤的同时伴有周围重要组织或脏器损伤的称为复杂性挫伤,这是一种较为严重的损伤,如头部挫伤,轻者可发生脑震荡,严重者可有颅骨骨折或合并脑挫伤而危及生命;胸、背部挫伤可合并肋骨骨折或肺组织的损伤,形成气胸或血胸;腰、腹部挫伤可合并肾挫伤和肝、脾破裂而引起内出血和休克;睾丸挫伤可因剧烈疼痛而引起休克。

处理：单纯性挫伤在局部冷敷后外敷创伤药,加压包扎,抬高患肢;头部、躯干部和睾丸挫伤除一般挫伤处理外,还应注意观察有无并发症的存在,如有并发症出现,应立即进行相应的处理,待病情稳定后,马上送医院治疗。

预防：应提高自我保护意识和能力,避免误伤。

(2)扭伤：当关节活动范围超过正常限度时,附在关节周围的韧带、肌腱、肌肉撕裂面造成。

预防:平时要加强关节力量和柔韧性的训练,提高关节稳定性和活动范围;在做跳跃或高难度动作时要做好充分的准备活动;要注意加强自我保护意识;做好场地和器械的维护。

重度扭伤处理:应先止血、止痛。可把受伤肢体抬高,用冷水淋洗伤部或用冷毛巾进行冷敷,使血管收缩,减轻出血程度,减轻疼痛。不要乱揉撕裂面,防止增加出血。然后在伤处垫上棉花,用绷带加压包扎。受伤48小时以后改用热敷,促进淤血的吸收。

(3)关节韧带的损伤:关节韧带的损伤主要是由间接外力的作用引起的一种闭合性损伤。在武术运动中最常见的是踝关节、膝关节、掌指关节和肘关节的损伤。受伤后局部疼痛、肿胀;若伤及关节滑膜或韧带断裂及合并关节内其他组织损伤时,出现整个关节肿痛或血肿;局部有明显压痛;关节运动功能障碍。

处理:受伤后立即冷敷、加压包扎,抬高伤肢并休息,以减轻出血和肿胀。24～48h后,拆除包扎固定,根据伤情可采用药物外敷、止痛药剂注射、理疗和按摩等。韧带完全断裂者,应在急救处理后马上送医院,以争取及早手术缝合或固定。

(4)脑震荡:头部受外力打击或碰撞到坚硬物体,使脑神经细胞、纤维受到过度震动。可分为轻度、中度和重度脑震荡。

处理:对轻度脑震荡的病人,安静卧床休息一两天后,可在一星期后参加适当的活动。对中、重度的脑震荡,要保持伤员绝对安静,仰卧在平坦的地方,头部冷敷,注意保暖,及时送医院治疗。

(5)脱臼:由于直接或间接的暴力作用,使关节面脱离了正常的解剖位置。

处理:动作要轻巧,不可乱伸乱扭。可以先冷敷,扎上绷带,保持关节固定不动,再请医生矫治。

(6)骨折:骨的完整性受破坏

处理:首先应防止休克,注意保暖,止血止痛,然后包扎固定,送医院治疗。

(7)运动休克

表现:面色苍白,四肢湿冷,呼吸较困难或呼吸增快,汗水淋漓,精神不振,脉搏较细弱。

病案举例　例1,一学生,女,18岁,身体健康,运动前体检未发现有心血管及呼吸道疾病,运动会上参加800m田径比赛,比赛到达终点后就地休息,突然面色苍白、全身无力、神志不清,被同学抬到卫生室。查体:面色苍白,四肢湿冷,呼吸较困难,脉搏细弱,血压下降至75/50mmHg,精神恍惚,烦躁,双瞳孔等大等圆,呼吸运动加快,呼吸粗糙,心率140次/min,心音弱,心律不齐。立即给予吸氧,指掐人中、合谷并静推50%葡萄糖液40ml及能量合剂、VitC100mg,并肌注肾上腺素,经抢救后面色好转,血压略有回升,但神志仍然恍惚,四肢湿冷,急送县人民医院急诊科,医院继续给吸氧,静滴葡萄糖液、复方氯化钠、5%碳酸氢钠、能量合剂,于4h左右精神、脉搏、心率、心律等恢复常态,在同学们的陪同下回学校宿舍休息。诊断:低血容量性休克。

例2,一学生,女,17岁,身体健康,运动前体检未发现有心血管及呼吸道疾病,运动会参加800m田径比赛,大约跑到400m左右时,精神不振,感觉有些迟钝,又坚持跑约50m左右,向前踉跄几步,似欲摔倒,被同学扶住送到卫生室。查体:面色苍白,汗水淋漓,精神不振,呼吸增快,脉搏较细弱,血压偏低80/55mmHg,心率132次/min,心音弱。立即给予吸氧,指掐人中、合谷、足三里、内关,静推 50％葡萄糖 40ml 及能量合剂、VitC100mg,经抢救后 10min,精神好转,面色、口唇转红,但全身无力,血压仍偏低,再给肌注肾上腺皮质激素 1ml,口服热葡萄糖水 200～300ml,血压回升,心率、心音等恢复常态,在同学扶持下回家休息。第二天照常上课。发病前有饥饿和胃不适,自述由于时间紧张早餐只喝一杯牛奶。诊断:糖原不足性晕厥。

发生休克、晕厥的原因

缺乏体育卫生常识,剧烈运动后突然站立不动或坐下休息,这时即出现脑部缺血、缺氧危及生命,这必须引起大家重视。由于下肢血管失去肌肉收缩时的挤压作用及血液本身的重力关系,大量的血液积于下肢,出现心血流量减少,心排血量随之减少,引起血容量不足产生休克、晕厥等。其次由于长时间的紧张学习或不吃早餐,造成体内糖原消失殆尽而出现低血糖性休克、晕厥。另外平常缺乏体育训练,一到参加比赛或体育考核,情绪发生异常,精神受到强烈的刺激,而引起反射性血管扩张,血压下降,产生一时性的脑缺血,造成意识紊乱而产生神经性晕厥。

发生休克、晕厥时的处理

运动性休克、晕厥的紧急处理原则应立即仰卧,头低脚高位,松解衣领,保持气道通畅,测血压、脉搏、心率,观察其神志同时针刺人中、内关、合谷、足三里、涌泉等穴位,积极给予吸氧,静推 50％葡萄糖液和能量合剂、VitC,肌注肾上腺皮质激素增加回心血流量、改善微循环。若出现神志不清,呼之不应,瞳孔对光反射及压眶反射消失,脉搏、呼吸微弱,血压测不清的情况下应急送上级医院,在护送医院途中,可给患者嗅一下氨水,有关的抢救措施和胸外心脏按压术不能停止。

运动休克、晕厥的预防措施

如果发现学生面色苍白、脉搏细微、出冷汗现象,体育教师也应有预防和处理晕厥的知识,在体育活动中就要及时采取有效措施:

① 迅速将患者仰卧安静休息,头低肢抬高位,保温。

② 迅速指掐人中、合谷、内关。

③ 神志清醒者可给喝热糖水、热开水。一边处理,一边急送上级医院抢救。

过度运动可导致休克

发表在《美国医学杂志》(Am J. *Med Sci*. 2004 Aug;328(2):84－7)上的一项研究表明,过度运动可导致劳力性热休克(EHS),严重时会导致死亡。

以色列特拉维福大学医学院的 Rav-Acha M. 博士指出,劳力性热休克是由于肌肉运动产生大量热量,超出机体排热限度,导致的严重并发症。机体核心温度升高会造成组织损伤,导致特征性的多器官受损,严重时导致死亡。研究人员分析了一例因 EHS 死亡的以色列士兵,分析其诱发因素和导致死亡的相关因素。结果发现,各种诱发因素的累积、现场处理不当是预后不良的预测因素。尸检的病理学发现证实 EHS 前的运动时间和强度与病变程度相关。Rav-Acha 博士认为,过度运动可导致劳力性热休克(EHS),严重时会导致死亡。他建议,严格执行训练计划有助于预防热休克的发生。

(8)运动猝死:运动猝死是与运动有关的猝死的简称,一般定义为:有或无症状的运动员和进行体育锻炼的人在运动中或运动后 24 小时内的意外死亡。这与医学界对猝死的定义十分相似,主要区别是强调了猝死发生在运动中或运动后,而且患者从发病到死亡也就在几十秒、几分钟之内,这是运动猝死最重要的特征。尽管运动猝死与其他运动性疾病相比,发生率并不高,但因直接危及生命,故给人们的印象和震动较深。心脏功能不好的人做大强度运动时要慎重。

四、运动损伤的预防

1.普及运动损伤知识

通过多种途径宣传运动损伤的知识,使教师能掌握必要的运动损伤知识,并在运动损伤发生后能分析损伤的原因,采取预防措施,避免或减少运动损伤的发生。

2.合理安排运动量

运动计划的制订应合乎科学原则。充分了解每次练习内容中哪些技术动作不易掌握,哪些技术动作容易发生损伤。做到心中有数,事先采取预防措施。要合理安排运动量,尤其要注意运动器官的局部负担量和伤后运动问题,防止局部负担过重。

3.做好准备活动

准备活动的内容和量应根据训练和比赛内容,以及运动员个体情况和气候条件而定。准备活动要充分,有针对性。做完一般性准备活动后,应做与该训练课(或比赛)主要内容相似的专项准备活动。

对运动负担较大和易伤部位,要特别做好准备活动。做好专项准备活动,当运动间歇时间较长时,运动前应再做准备活动。

准备活动后与正式运动的间隔时间,以及准备活动时间长短、强度大小等,直接影响准备活动的质量。一般认为,对年龄小、运动水平差、运动持续时间较长或夏季,准备活动的强度可小些,时间宜短些。相反,运动水平较高、运动时间持续时间较短或冬季,准备活动强度可大些,时间可长些。准备活动中应针对易伤肌肉,做适当力量练习和伸展练习。受伤部位的准备活动应小心谨慎。整套准备活动应遵守循序渐进的原则。

据研究表明,准备活动结束后与正式运动间隔的时间以 1~4 分钟为宜。准备活动的时间和量,专家指出以 20 分钟左右,或身体发热、微微出汗为好。

4.加强易伤部位的训练

加强易伤部位和相对较薄弱部位的训练,提高它们的机能,是预防运动损伤的一种积极手段。例如为了预防腰部损伤,除加强腰背肌的训练外,还应加强腹肌的训练。因腰部肌肉受伤,从某种意义讲与其对抗肌——腹肌较弱有关。腹肌力量不足,易使脊柱过度后伸而致腰部损伤。为预防关节扭伤,在发展肌肉力量的同时,还应该注意发展肌肉的伸展性。

5.加强自我保护

当完成高难动作时应学会自我保护的方法,如在运动中,当重心不稳快摔倒时,立即低头、屈肘、团身,以肩背着地顺势滚翻,切忌直臂撑地,以防手腕部或前臂骨折、脱位等损伤。

6.加强医务监督和注意设备卫生要求

学生上课前应进行详细的体检,对不能从事大运动量和剧烈身体练习的或有妨碍专项训练的伤病患者,切勿练习。对运动员也应定期进行体检,在大型比赛前应进行补充检查,禁止带病或体检不合格者参加比赛。伤病初愈恢复训练时,应尊重医生意见。

第二节 武术防卫中常见损伤及处理方法

武术防卫运动损伤是指在武术防卫过程中发生的各种损伤。

一、防卫中常见的损伤

1.开放性软组织损伤

包括因机体表面与粗糙物摩擦而引起的皮肤表层损害;实战和比赛中由于身体碰撞和被击等引起的撕裂伤和鼻子出血。

2.闭合性软组织损伤

实战中被对方踢中、击中可引起挫伤;实战中由于肌肉主动收缩超过了负担能力或被动拉长超过了伸展性极限会引起肌肉拉伤;训练和实战中因动作不规范导致膝踝等关节急性损伤;运动员下肢动作快于躯干动作或肌力不足时,造成腰部急性损伤。

3.骨折与关节脱位

搏斗运动由于对抗性强,可能会发生骨折和关节脱位。

4.休克

练习者在遭受体内、外各种强烈刺激所发生的严重全身性综合征。

二、防卫损伤的原因

从预防运动损伤的观点来看,造成运动损伤的原因有三。

1.内在因素

包括练习者身体条件和心理素质两方面。身体条件是指年龄、性别、性格、体力、体格、疾病、劳损、疲劳度、营养状况、关节的可动域、身体的柔韧性;心理素质是指性格、紧张度、兴奋度、竞争心等。

2.外部因素

包括方法和运动量。对散打练习者来说,由于自身的体力、技术条件的限制,应该选择不同的训练手段;不适宜的训练方法、运动量过大、时间过长、频率过高,对普通学生来说均可导致运动损伤高发生率。

3.环境因素

包括自然环境和人工环境。自然环境包括季节、温度、湿度等,如肌肉损伤频发于4、5、6月份,这是由于这几个月湿度大,日差温度较大的因素。练习者使用劣质的器械、护具以及故意犯规都会造成运动损伤;另外,练习者的服装和鞋子不适,场地不平都是造成运动损伤的隐患。

三、防卫损伤的预防

除了对每一类运动损伤进行预防外,尽量注意前述的各种损伤因素,设法减轻它们的危害性,搏斗锻炼者要对以下诸点有充分的认识,以提高运动损伤的预防水平。确切地说,练习者自身对运动损伤的防范心理与提高运动员技术水平和体力、调整竞争心理状态同样重要,而且有过之而无不及。

1.肌力训练

肌肉力量不够,协同或拮抗肌群肌力不平衡常常会造成损伤。这在初习者中易发生,在有一定技术水平的练习者中,往往在停练过长时间,或动作生疏时也会发生。

2.准备活动和放松运动

锻炼或比赛前的准备活动十分重要,它不但能使基础体温提高,深部肌肉的血液循环增加,肌肉的应激性上升,关节柔软性增大,还能调整赛前心理,减轻紧张感和压力感。在大强度训练或比赛前,必须安排20～30分钟的准备活动,内容包括跑步、关节操、拉韧带等。有些搏斗锻炼者忽视剧烈练习前的准备活动,很容易发生肌肉撕裂、跟腱断裂、腰痛等情况。准备活动时间的长短应根据当日运动员状态加以控制。正式对抗和平时锻炼准备活动的水平也不同。准备活动的项目包括基础部分和参加比赛时的特殊部分。

放松运动是指在剧烈运动后通过放松运动使身体的体温、心率、呼吸、肌肉的应激反应恢复到日常生活水平。从预防损伤和长远的健身的角度来看,这与准备活动同样重要。根据不同内容的锻炼进行不同内容的放松运动,可防止在运动后出现肌肉酸痛以及损伤,使心率降低到安静时的水平,呼吸恢复到锻炼前的频率,而且对精神压力的解除也有很大的帮助。

3.自身保护

除了认真做好准备活动和放松运动外,也应该了解和懂得初步处理训练后肌肉酸痛、关节不适的方法。早期可做温水浴、物理疗法、自身按摩。如果疼痛继续或加重,应去医疗机构进行治疗。

4.安全环境

搏斗锻炼时的器具、设备、场地及周围环境等在练习前都应进行严格的安全检查。如果在高低不平的软垫上练习时易发生踝关节的扭伤;运动护具的大小应适合练习者个人情况;女学生为防止不必要的损伤,项链、耳环等锐利物品在练习时不宜佩戴。另外,还应根据个人选择服装、鞋具,如通常要求平底鞋,鞋底有一定的软硬度。光脚练习时应在垫子的保护下,或确认场地内无玻璃或金属钉之类物品后进行。

护具的使用可使运动损伤的发生率大大降低,但如果护具质量低劣,不配套或者已有破损,其防护功能会受到影响。防护器材主要保护的部位是头颅、耳、颈部、肾区、两肋、胸部、生殖区等,也包括肌肉少的部位、关节、大腿前部、牙齿等。容易受冲撞打击的部位,对抗练习应该养成使用护具的习惯。

思考题

1.如果在套路练习时,不慎发生了脚踝内翻扭伤,你应该如何处理?

2.如何预防搏斗运动中的运动损伤。

3.指出运动中鼻出血的处理方法和运动中头被重击脑震荡的处理方法。

下篇 武术安全防卫

第六章 人体要害部位与安全防卫原则

案例1:甲得知乙正在家里磨刀准备杀害自己,便携带手枪闯进乙家中将乙枪杀。

案例2:甲把乙杀死后逃跑了,数日后,乙的儿子丙得知甲已经潜回家中,便于深夜闯入甲家用刀将甲砍死。

以上两个案例中的防卫是不是正当防卫呢? 如果在与歹徒搏斗时将对方致死,是否属于防卫过当呢? 公民在什么情况下可以行使无限防卫权呢?

当我们遭遇危险,如何才能够做到有效的自我防卫,在防卫中如何运用所学的防卫技术进行自我保护呢,在紧急的防卫中如何做到事半功倍呢? 无论是在身体条件包括技术、力量及体力上是否占有优势,当发生危险时只要能够迅速、果敢、准确地打击侵害者的要害部位,便能即刻使其丧失侵害能力。因此,打击人体要害部位,是以小制大、以弱制强的有效手段,是防身解危最理想的防卫"武器"。

第一节 人体要害部位分析

一、人体要害部位特点分析

1. 人体要害首先应该是人体生命系统的重要器官,包括主要的生命器官和对人的生命活动有重要影响的器官。这些重要器官与人的生命活动息息相关,损伤后可以当即致死或迅速致死。局部损伤应成为直接死因,而不是广泛身体创伤。如心脏和脑干损伤可以当即造成死亡,大脑损伤可以随时危及生命,肝脾破裂可以在一小时后死亡,呼吸器官损伤或呼吸系统窒息也可以在短时间内死亡。

2. 最容易遭受打击而又容易致伤的部位。用不太强大的力量打击这些部位,即可轻易造成严重伤害。这些容易遭受暴力打击,又易于损伤的部位,是人体各器官系统最薄弱的部位,在解剖结构及生理特征方面有明显的弱点。这些部位在人体上比较暴露,对外界暴力侵害的承受力相对较差,遭暴力打击时,损伤比非要害部位更容易形成,损伤造成的危害也比非要害部位更为严重。如打击"后脑枕"部,容易震荡大脑;打击耳根部,容易损伤脑干;打击颈侧部的颈动脉,可以引起反射性的心跳停止而致死亡;打击颈后部的颈椎,容易在5~6椎节造成骨折,因压迫脊神经而危及生命。

3. 比较敏感、受外力击打后反映强烈的部位。轻微的损伤即可造成严重的局部功能障碍或伤残。加踢打、顶撞人的裆部,有时不需要十分强大的暴力便可达到使其丧失侵害能力,导致休克,危及生命。

4.人体的关节。关节在人体中起着连接骨骼,使身体能做出多种不同的运动姿势的作用,同时也能够使身体的四肢及其他部位,经过一定的训练能够掌握一定的技能、技巧。人体的关节都有本能的活动范围和活动规律。许多防卫技术就是利用关节的活动范围和活动规律而进行的,因此,学习防卫技能,先了解人体的关节结构是必要的。

二、人体的关节特点

人体的关节大体分为三大类:不动关节、少动关节和能动关节。在防卫技巧中所用的关节一般是能动关节,如腕关节、肘关节、肩关节等。下面介绍人体的主要关节及其活动规律。

1.颈椎(锥体关节):颈椎是人体躯干和头颅连接的主要关节(有七个椎体)。它之所以能动,是因为几个椎体能动,所以运动角度比较大。它能前屈(低头),后伸(仰头)和左右转动。如果它受到外力的打击,左右用力扳拧,严重的能使人死亡或残废。轻的可使其功能遭到损害,导致中枢神经及大脑神经失调,因而致使身体某些部位机体萎缩、僵化以及功能受到障碍。这主要是因为颈神经丛在此通过,它是大脑神经支配全身活动的通道。因此,在练习防卫技巧时,特别是在和罪犯实际格斗时,要注意这一部位。

2.肩关节:肩关节是人体中活动范围最大的关节。它是由肩胛盂(系肩胛骨和锁骨相连构成)衔接肋骨而成的。它能内收、外展、前屈、后伸以及旋转等。但它也容易受伤,如果用暴力左右拧动或用力向前、向后扳至极点,就可使其脱臼或韧带和肌肉撕裂。

3.肘关节:肘关节是由肱骨和尺骨、桡骨连接而成的。它的活动范围较小,只能前屈和伸直,如果使其完全伸直,再加压力,就会使其脱臼或韧带、肌肉撕裂。

4.腕关节:腕关节的活动范围也比较大,它能前屈、后伸、内收、外展以及旋转等。但它最易受伤。因为构成它的骨骼除尺骨、桡骨外,还有八块细小的骨骼,主要依靠周围的韧带来连接。如超出它本能的活动范围,例如向后折、内扭、两侧扳拧等,就会使其发生脱臼、骨折和韧带撕裂等。

5.指关节:手指关节是由两个短小的指骨连接而成的,它仅能弯曲和伸直。它的活动范围显然较小,而易于前屈,如果使其伸直再用力向后扳或向两侧拧动,很容易造成脱臼或骨折。

6.膝关节:膝关节是人体下肢的主要关节,它由胫骨、腓骨、髌骨、半月扳和股骨连接而成,它能后屈和伸直,稍能旋动。当它伸直后由前面或从两侧用力猛蹬,轻则会使人倒地,重则会使其骨折、脱臼以及韧带、肌肉撕裂。

7.踝关节:踝关节是由胫骨、腓骨与跟骨、距骨等相连而成的。能内收、外展和屈伸等。如果用力左右扳拧脚掌,会使人体翻转或使关节脱臼、韧带撕裂,失去正常功能。

三、人体主要要害部位

在人体中,由于受到外力的击打或压迫,致使出现伤残、昏迷、晕厥、休克、死亡以及使某些组织或肌体发生功能障碍的部位,称它为要害部位,诸如裆部、太阳穴等。由于这些部位受到外力的击打或压迫后,其生理机能或机制会暂时的或永久的消失,所以练习和运用防卫术技术时要特别注意到这些部位。下面介绍一下人体主要的要害部位及其弱点。

1. 头部

太阳穴:在上耳廓和眼角的延长线的交点上,骨平均厚度仅为1~2毫米,其组织非常脆弱,经不起打击、震动。击打此处,可出现外板完整,而内板骨折。此处是一致命部位。

耳根穴:在下颌上缘,下耳廓的后面,穴位附着一些与脑主动脉相连的动脉血管,而其位置又离大脑较近,如果该部位受到击打易使脑部受到震荡,可使人昏迷,甚至死亡。

后脑:位于头后部,是脑神经最集中的部位,特别是延髓,是心血管系统和呼吸系统的中枢。此处遭强烈震动,即会致人昏迷,如受损伤,会致人死亡。

眼、鼻部三角区:神经、血管分布相当丰富,痛觉极敏感。眼为人手足之导,是一切行为的指南,受到打击时会丧失战斗力。鼻对来自正面、侧面或下面的打击承受能力很弱,如打击有力,会产生酸痛感并流出眼泪,模糊视线。

2. 颈部

颈部前有咽喉,是气管和颈动脉的通道。此处遇到勒、卡、压,会造成窒息和血液流通受阻,使脑部缺血而昏迷以至死亡。

颈部后有颈椎,上接生命中枢延髓,如受到打击,可造成呼吸和消化系统的功能紊乱,甚至危及生命。

3. 胸部

胸部上有锁骨,锁骨在人体骨骼中最易骨折,一旦骨折会丧失战斗力。

胸部下有剑突,此处又叫"对心锁口"、"心窝",古时亦称"要命"。在其后的内脏器官有心脏下部(即心室),右边正好是肝与胃的重叠处。由于剑突是软件组织,没有肋骨保护脏器(心、肝、胃),所以此处若遭击打,能引起胃肝出血及心脏破裂,导致昏迷或死亡。

4. 肋部

肋骨一般指软肋部,第5肋骨间隙左侧,是心尖所在部位;右侧是肝脏下部。从人体结构看,第5~8肋弯曲度较大,最易发生骨折,故受到暴力时,可出现肋骨的内向骨折,伤及心脏、肝脏,导致大出血,还有刺破胆囊的可能性。

5. 腰部

腰部是指腰椎至骶椎之间的部位,是人体脊柱的一部分,起着支撑躯干和传导重力的作用。此处如遭暴力打击,轻则椎间盘脱出,腰椎损伤,压迫神经,使人疼痛难忍,活动受限,重则使人体下肢瘫痪而丧失活动能力。

肾脏位于第12肋和第3腰椎之间,紧贴腹后壁,是全身代谢最快的器官,有丰富的血管。因此处没有肋骨保护,所以如遭打击,很容易造成出血,引起严重后果。

6. 裆部

裆部是指外生殖器及会阴部位。此处很难承受外力击打。因为盆腔内的重要器官有膀胱、直肠。重击此部位,可引起上述脏器的损伤或破裂,而导致内出血,出现出血性休克,继之死亡。

外生殖器,由于其神经末梢丰富,敏感性强,如被人顶、抓、撞、踢等,疼痛难忍,继而会引起血压下降,全身乏力、休克,致死亡。

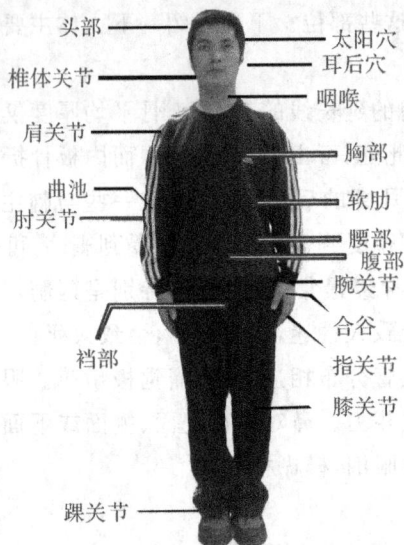

图 6-1　人体要害部位与主要关节示意图

　　熟悉了人体的要害部位,就能够运用武术防卫的原则,保护好自己的要害部位,紧急情况的防卫可以采用击打歹徒要害部位使其致昏从而逃生。

第二节　武术安全防卫技术特点与实用原则

　　根据武术的技术特点,在运用武术进行自我防卫的时候,可以运用主动进攻,有时可以运用防守反击。

　　1.主动进攻

　　主动进攻是指在防卫时,首先积极主动地发起进攻的一种"先发制人"的方法。其特点是急进猛打,一气呵成,打得对方措手不及,无招架的余地。技术特点可以概况为迎、纳、引、发。即:

　　迎——快速接近对方;

　　纳——迅速将对方控制;

　　引——隐蔽真实意图或延长动力臂;

　　发——用整体劲力破坏其重心,将对方发出或制服。

　　2.防守反击

　　防守反击指在格斗中利用闪躲、格挡、阻架等防守动作,挡开对方的打击,并随即进行反攻的一种综合性的技术行动。即武术中常讲的"后发先至"。

　　我们学习的各种摔法、擒拿方法都是防守反击的内容。摔法即如何使对方重心的射影偏离其支撑面致其摔倒,拿法即分筋挫骨,抓经拿脉。我们主要介绍了几个简单的反关节,即如何让其骨骼超出关节的活动范围。

防守反击不是消极退让,而是寻找战机,防中寓攻的积极行动。实际上防守反击从某种意义上讲是一种更高形式的攻击。防守反击必须及时,要在一刹那作出反应,并进行有效的反击。反击之后,要乘胜追击,一直压制对方,不给其以喘息之机,直到将对方击倒。

(1)直接反击。在技击上称"不接手"反击,就是说,在对方进攻时,不招、不架、不格、不挡,也不注重对方出手还是出脚,采用你打你的,我打我的方法。

(2)有防反击。防守动作完成后的及时反击,称有防反击。防守是为了还击和进攻,因此动作不宜大,而要用小一点的动作。

(3)伺机反击。在防守时,不轻易进攻,密切观察对方的破绽和弱处,利用对方在进攻时出现的"神不守舍"、"力不能聚","抬脚半边空"等空档,及时有效地进行反击。

假动作是一种伺机反击的最好掩护,假动作指一种真真假假、变化无常的方法。古语云"兵不厌诈",这也是克敌制胜的法宝之一。假动作主要有声东击西、虚虚实实、进进退退、开开合合等四种方法。

①声东击西是使对方产生错觉,转移注意力的一种有效方法。如,在格斗中采用晃上击下、晃下击上、上上下下、左左右右等方法来迷惑对方,以使对方摸不清击打部位,防不胜防,处于被动的局面。

②虚虚实实是指在实战中,采用虚虚实实、虚中有实、实中有虚的方法,就可达到妙法无穷的技术境界。这是一种使对手上当,引其落空的方法;也是一种与敌交手时不知敌之技艺如何,以假手假式试探对方的方法。

③进进退退是一种通过前进后退的距离变化来做假动作的方法。如,在实战中,示退却进,就能迅速靠近对方,及时发起攻击;示进却退,可引敌落空,使其送货上门,随之一招制敌。

④开开合合是一种使对方上当受骗的方法。一般来说,"开"时容易进攻,"合"时不易进攻(开是暴露,合是关闭的意思)。因此,在实战中,采用开中有合,合中有开的方法,就构成了"开合"变化的假动作。如当你有意识地将胸部露给对方时,往往使对方误认为有进攻目标。实际上,你的"开"是假的,引诱对方出手,你必定能避开,而且给自己留下有利的反攻机会。这是因为对手"一手未完,二手难出"之故。

第三节　我国刑法关于正当防卫的规定

为了安全保护自己又不至于过失犯罪,作为职业人应该了解正当防卫与防卫过当等法律常识。安全防卫中正当防卫是公民依法享有的权利。我国《刑法》第二十条明确规定,为了使国家、公共利益、本人或者他人的人身、财产和其他权利免受正在进行的不法侵害,而采取的制止不法侵害的行为,对不法侵害人造成损害的,属于正当防卫,不负刑事责任。正当防卫明显超过必要限度造成重大损害的,应当负刑事责任,但是应当减轻或者免除处罚。对正在进行行凶、杀人、抢劫、强奸、绑架以及其他严重危及人身安全的暴力犯罪,采取防卫行为造成不法侵害人伤亡的,不属于防卫过当,不负刑事责任。

一、正当防卫权的运用

我国宪法明确规定:"国家保护公民的……合法财产的所有权,""中华人民共和国公民的人身自由不受侵犯。"我国法律明确规定了公民在人身权利、财产权利和其他权利受到正在进行的不法侵害的紧急情况下可采取救急措施,赋予公民正当防卫的权利。这也为公民与正在进行的不法侵害作斗争提供了法律依据。

正当防卫是通过对正在进行不法侵害的不法侵害人的不法侵害行为进行制止,保护合法权利免受不法侵害。因此,正当防卫能够及时有效地制止不法侵害,保障合法权益。依照我国刑法规定,公民实施正当防卫,造成不法侵害人损害的,不负刑事责任。也就是说,不法侵害人在正当防卫中被致伤或致死都属咎由自取,自食恶果。这样,对违法犯罪分子就产生一种威慑力,使其不敢轻举妄动。所以,任何公民,当其合法权益遭受不法侵害时,都应当积极运用正当防卫权利,与违法犯罪和不法分子做斗争,及时制止不法侵害,避免或减少损害,更好地维护合法权益。

但是,正当防卫毕竟是造成一定损害的行为,正确、得当地实行正当防卫会达到保护合法利益不受不法行为侵害的目的和效果。反之,如果不正确、不得当、甚至滥用正当防卫,就会造成相当的损害,危害社会,甚至构成犯罪。为了正确运用正当防卫的权利,下面介绍实行正当防卫的条件。

二、正当防卫的条件

根据我国刑法规定,正当防卫是指为了使国家、公共利益,本人或者他人的人身、财产和其他权利免受正在进行的不法侵害,而采取的制止该不法侵害有可能对不法侵害人造成一定损害的行为。具体地讲,实行正当防卫必须符合以下条件。

1. 必须有不法侵害行为

不法侵害行为是正当防卫的起因,没有不法侵害行为的发生,就谈不上实行正当防卫。这里的不法侵害行为,是指违反法律规定,具有社会危害性的行为。作为正当防卫起因的不法侵害行为必须具备两个基本特征:一是社会危害性,即其行为直接侵害了公共利益或公民的合法权益,如故意杀人、盗窃等行为;二是侵害紧迫性,即其行为对法律所保护的权益造成损害,具有一定的紧迫性,一般是指具有暴力性和破坏性的不法行为,如抢劫、绑架等行为。

对于合法行为,如公安人员依法执行拘留、逮捕的行为,则不得实行防卫行为,如果实行所谓的防卫行为,则属于妨害公务,而不是正当防卫。另外,作为正当防卫起因的不法侵害行为还必须是实际存在的,而不是想象或推测的。

2. 必须是正在进行的不法侵害行为,这是实行正当防卫的时间条件

不法侵害的时间决定正当防卫的时间,即正当防卫开始时间是不法侵害行为开始之时,正当防卫终止时间是不法侵害行为结束之时。如果不法侵害行为尚未开始,合法权益就没有受到直接的威胁,也无所谓"制止不法侵害"。此时,只能采取适当防范措施,如加强

戒备、揭发、检举等。如果"先发制人"进行"防卫",则不能认为是正当防卫,还可能构成犯罪。例如,甲得知乙正在家里磨刀准备杀害自己,便携带手枪闯进乙家中将乙枪杀。甲就不是正当防卫,而是故意杀人,应当负故意杀人罪的刑事责任。如果不法侵害行为已经停止,正当防卫的前提条件就不存在了,也不再发生正当防卫的问题。此时,对于不法侵害人的不法侵害可以向有关机关控告、报案,甚至可以将不法分子扭送到司法机关。因为,对已经结束不法侵害行为的不法侵害人只能由司法机关依法处理,如果侵害行为已经结束,再进行所谓的防卫,就是私人报复,而不是正当防卫了。例如,甲把乙杀死后逃跑了,数日后,乙的儿子丙得知甲已经潜回家中,便于深夜闯入甲家用刀将甲砍死。这时丙的行为并不是为了保护父亲或自己的生命安全所必须采取的防卫行为,而只是为父报仇。所以丙的行为不是正当防卫,却构成故意杀人罪。

一般情况下,不法侵害行为的开始时间是指不法侵害行为着手实施以后,但是如果防卫人直接面临明显的、不可避免的不法侵害的危险时,也允许防卫时刻比不法侵害的着手时刻略早一些。不法侵害行为的结束时间,就是不法侵害行为停止的时间,包括不法侵害行为已经造成了危害结果且危害结果不会再扩大;不法侵害人已经达到目的,不再继续实施不法侵害;不法侵害人自动中止不法侵害或被迫停止不法侵害;不法侵害人已经失去侵害能力等。上述情形之一一旦出现,就应当停止防卫行为。

3. 必须是针对不法侵害人本人

这是从防卫对象上对实行正当防卫设定的条件,即正当防卫只能针对不法侵害人本人进行,不能针对第三人,包括不法侵害人的亲属。如果针对第三人实行防卫,造成损害的,应当负相应的法律责任,甚至可能构成犯罪。这里的"不法侵害人本人",是指不法侵害人本人的人身以及不法侵害人本人的财产或其他权益。其中主要是人身,因为针对人身的防卫行为,如采取必要的强制性,甚至暴力性的手段,限制自由、伤害身体,甚至剥夺生命。使不法侵害人丧失继续不法侵害的能力,是制止不法侵害行为的最有效途径。对财产造成的损害必须是为实现制止不法侵害,保护合法权益为防卫目的。

4. 必须有防卫意图

防卫意图,是指防卫人意识到不法侵害正在进行,为了保护国家、公共利益,本人或者他人的人身、财产和其他权利,而决意制止正在进行的不法侵害的心理状态。这是正当防卫的主观条件,也表明了正当防卫的正义性。如果行为人不具有防卫意图,而是基于实施不法侵害的故意以正当防卫为借口,造成损害的,就不是正当防卫,而是故意犯罪。例如,王某与李某是合用一间厨房的邻居关系,两家经常因琐事发生口角,并有厮打。王某一心要教训李某,便与家人商量,家人出主意说"先打人的无理,得想办法让李某先动手,再收拾他"。此后,王某经常找茬刁难李家的人。一日,王某见李妻在厨房做饭,故意把李妻刚煮好的稀饭锅打翻,烫伤李妻的脚,李闻声从房间出来,激愤之下打了王某一耳光,王某将李打倒在地,并用面杖猛击李某头部数次,致李某休克,抢救无效死亡。本案中,王某的行为虽然表面上符合正当防卫的客观条件,但他的防卫行为是其犯罪预谋中的组成部分,所以不得认为是正当防卫,而应构成故意杀人罪。

5.正当防卫不能明显超过必要限度造成重大损害

这是正当防卫的限度条件,也是正当防卫合法性的目的界限。超过限度条件,就是防卫过当。我国刑法规定,防卫过当应当负刑事责任。正当防卫的限度条件包含两方面的内容:

(1)正当防卫行为不能明显超过必要限度。所谓"必要限度",就是足以有效地制止正在进行的不法侵害所必需的限度。具体标准为:第一,为了避免强度较轻的不法侵害,就不允许正当防卫采取过重的强度。如果非较重的强度不足以制止不法侵害,可以采取较重强度的防卫手段。第二,采用较缓和的防卫手段足以制止不法侵害,就不允许采取激烈的防卫手段。如果非激烈手段不足以制止不法侵害,可以采取激烈手段。第三,为了保护轻微侵害者的合法权益,不允许防卫行为造成重大损害。对于没有直接危及人身的轻微的不法侵害,一般不应采用重伤或杀死的防卫手段。

(2)正当防卫不能造成重大损害。这里的重大损害,是指在给不法侵害人造成较小损害就可以制止不法侵害的情况下,却给不法侵害人造成了重伤、死亡等严重的危害后果的情形。这是在确定正当防卫的限度条件时对防卫后果的要求。防卫后果是否属于重大损害,是衡量是否符合正当防卫的限度条件的又一因素,如果所造成的损害是应有的,是制止不法侵害行为所必需的,即使发生了死亡结果,也不属于重大损害;如果所造成的损害是不应有的,并非制止不法侵害行为所必需的,即使没有发生严重的后果,也认为是重大损害。

应当注意,上述正当防卫的限度条件的两项内容是统一的、不可分割的整体。如果超过必要限度却未造成重大损害或者虽然造成了重大损害却没有明显超过必要限度的,都属于符合正当防卫的限度条件。

实行正当防卫必须同时具备以上五个条件,必须正确认识正当防卫的起因、对象,正确把握时机,在法定限度内实行正当防卫权,以保护合法权益免受不法侵害,杜绝滥用正当防卫权,防止造成不必要的损害。

三、对危及人身安全的暴力犯罪的正当防卫

杀人、抢劫、强奸等暴力犯罪是性质恶劣,危害严重的犯罪。这些犯罪直接危及人身安全甚至生命安全,犯罪分子往往穷凶极恶,不择手段,所采取的手段具有相当的破坏性和攻击性,不法侵害十分急迫,如不及时进行有效的防卫反击,就可能造成无法挽回的严重后果。若不能给犯罪分子以致命的反击,就有可能被对方杀死或重伤。这些特点决定了对于危及人身安全的暴力犯罪可以采取激烈手段实行强度较大的防卫行为。为了及时遏制这些犯罪,鼓励公民为保护自己的人身权利积极与这些犯罪作斗争。我国刑法赋予公民针对这些危及人身安全的暴力犯罪以无限防卫权。刑法第20条第3款规定,"对正在进行行凶、杀人、抢劫、强奸、绑架以及其他严重危及人身安全的暴力犯罪,采取防卫行为,造成不法侵害人伤亡的,不属于防卫过当,不负刑事责任"。这一规定说明,在人身安全遭受暴力犯罪侵犯的紧急关头,可以采取任何手段,利用任何工具进行坚决反击,只要能使犯罪分子丧失继续侵害的能力,即使造成不法侵害人伤亡的损害结果,也不受刑事追究。也就是说,对这些正当防卫权是无限度的。

由于这种无限防卫权没有限度条件的约束,可以以最激烈的手段,最强大的强度,造成严重的损害结果,甚至造成不法侵害人伤亡,因而公民在行使无限防卫权时,必须注意以下事项:

1.行使无限防卫权的起因只能是法定的暴力犯罪,即只能是"杀人、抢劫、强奸、绑架以及其他严重危及人身安全的暴力犯罪。"这里的"杀人"应当仅指故意杀人;所谓"其他严重危及人身安全的暴力犯罪",应当理解为与故意杀人、抢劫、强奸、绑架等犯罪的社会危害相当严重并直接地危及人身安全的犯罪,如爆炸、劫持航空器等犯罪。

2.行使无限防卫权的目的只能是保护本人或他人的人身安全。这里的人身安全,是指生命权、健康权以及妇女的性自由权利,其中生命权是最主要的内容。

3.行使无限防卫权还必须遵循实行正当防卫的时间条件和对象条件。即只有在上述法定的暴力犯罪实际存在并正在进行时,才能针对实施暴力犯罪的不法侵害人行使无限防卫权。

四、我国法律对正当防卫的相关解释

正当防卫是防卫人在其合法权益遭受正在进行的不法侵害时的救助手段,往往发生在十分紧急的情况下。防卫人在受到不法侵害的突然袭击时,不仅身体上受到侵害,精神上也会受到一定的强制,有时还会措手不及,不可能冷静地思考和判断周围的环境、不法侵害的性质和程度以及本人的处境,也不可能仔细考虑和选择防卫行为的强度等具体情况。往往是来不及多想,仓促应战,采用最便捷的方法进行防卫,如顺手抄起能拿到手的任何物品当做防卫工具,也很难准确地预料防卫行为所造成的后果。因此,运用正当防卫虽然必须符合实行正当防卫的条件,但是为了鼓励公民积极行使正当防卫权,及时制止不法侵害,保护合法权益,并不苛求防卫人。

根据我国刑法规定,有些犯罪是手段行为和结果行为的统一才能成立。如强奸罪是以暴力、胁迫或者其他手段强行与妇女发生性关系的行为。就是由手段行为——使用暴力或者以暴力相威胁和结果行为——强行与妇女发生性关系共同构成的。这类犯罪还有抢劫、绑架等,对于这些犯罪,只要不法侵害人使用了暴力或者以暴力相威胁,也就是说,开始实施手段行为,就可以实行正当防卫。由于正当防卫的目的就是制止正在进行的不法侵害,那么在不法侵害已经逼近之际,就应该认为不法侵害已经开始,可以对其实行正当防卫。也就是说,只要直接面临不法侵害的威胁,在不法侵害人着手实行犯罪之际,甚至之前,就应当予以及时有效地制止。

在现实生活中,经常会出现不法侵害虽然尚未开始实行,但是已经形成了侵害的紧迫性,此时可以实行正当防卫。由此正当防卫的必要限度,应当以不法侵害的缓急作为确定标准。防卫强度与侵害强度之比是决定防卫行为是否超过必要限度的主要标准,一般的防卫强度小于或相当于侵害强度时,属于正当防卫。但是,如果不法侵害十分紧迫,或者所保护利益重大,则可以采取强度较大的防卫行为。只要是制止正在进行的不法侵害所必需的,就属于正当防卫。

为了有效地保护人身权利,不法侵害在实施过程中因故停止,只要不法侵害人没有放

弃不法侵害,仍然存在着对其本人的人身权利的严重威胁,也就是说,在不法侵害人继续实行不法侵害的危险尚未排除之前,便可以实行正当防卫。

思考题

1. 分析人体要害部位特点,并能具体指出并熟悉人体主要要害部位。

2. 在运用武术进行自我防卫的时候,可以运用主动进攻,也可以运用防守反击。指出运用主动进攻的技术特点和防守反击的方式方法。

3. 我国《刑法》规定什么是公民的正当防卫。

4. 指出当遭遇不法侵害时公民实行正当防卫的条件。

5. 什么条件下公民可以实行无限防卫权?

第七章 武术安全防卫必备
的基本技术及训练方法

武术安全防卫基本技术包括基本格斗姿势与基本步法、基本拳法、基本腿法、基本摔法以及擒拿基本方法。各种拳法、腿法和摔法及擒拿基本方法属于进攻技术；防守技术分为接触式防守和不接触式防守两种。下面将分节依次介绍基本格斗姿势与基本步法、基本拳法、基本腿法、基本摔法以及擒拿基本方法。

第一节 基本格斗姿势与基本步法

一、基本格斗姿势

安全防卫基本格斗姿势，也称实战姿势、预备姿势。即在对抗时所应保持的最佳防御姿势，称为实战基本姿势。

（一）动作要领（以下均以左势为例）

1. 两脚微呈八字平行开立，距离略比肩宽，两膝微屈。

2. 左脚不动，右脚以脚前掌为轴向左旋转，身体随之转动 25°左右，重心在两脚的脚前掌上，右脚跟需踮起。

3. 松胸、溜臀、收下颏，前手轻握拳，屈臂抬起，拳与下颏等高，前臂与上臂夹角成 90°～110°，后手轻握拳，屈臂抬起，前臂与上臂夹角小于 60°，后手拳自然置于下颌外侧处，肘部下垂轻贴在右肋部（图 7-1-1）。

（二）基本要求

1. 便于移动。在防卫技术的实际运用中，需在不同情况下迅速地变换体位与方位，这就要求预备姿势时的重心应在两腿之间，两腿保持微屈，使身体始终处于一种欲动的"弹性"状态，以增加步法移动时的灵活性。

2. 便于进攻。预备姿势应把身体各部位调整到适于发动进攻的协调状态，防守反击时重心稍微偏高，转换迅速，以利于各种腿法的使用；两手所放的位置应该是随时可以进攻，无多余动作，并且是线路最短、方法最巧。

3. 便于防守。正确的预备姿势不会造成顾此失彼的状况，它总能够事先兼顾到自身所需防守的各个部位，以及在防守时表现出最佳的能力和效果，并能在防守过后迅速转入进攻状态。因此，要求身体侧向站立，两臂一上一下紧护头部和躯干，低头梗脖，下颏内收，闭口含齿,缩小暴露面。

(三)教学提示

1.原地体会动作姿势要求。

2.反复练习转体动作,注意重心的分配和身体位置的统一。

 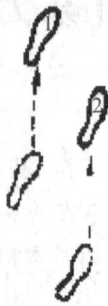  

图7-1-1   图7-1-2   图7-1-3   图7-1-4

3.进行前后左右的摇晃练习,使身体协调、放松。

4.下达改变体位的口令,使之在不断变换中迅速调整好动作,以提高运用预备姿势的能力。

二、基本步法

基本步法是攻防格斗中身体向前、后、左、右移动的方法。它首先是为配合攻防动作的运用,以达到攻防效果;其次是为了保持动态中的身体平衡与敌我双方的有效距离。步法既是技术运用的基础,也是构成单体技术的基本要素。

(一)动作要领

1.单滑步。单滑步分为向前、后、左、右四种配合拳的进攻。现以向前滑步为例,从基本格斗姿势(以下均同),上体保持原来姿势,后脚蹬地,重心前移,前脚微离地面。以脚前掌向前蹭出,后脚随之跟进相同距离,整个动作完成后仍成原来预备姿势(图7-1-2)。向后、左、右的滑步,一般情况下都应由向所滑动方向的脚先行移动,另一脚紧跟滑步。

要点:两脚均应擦地滑动,距离相等。重心不得过于起伏或前俯后仰。

2.闪步。闪步分为左、右闪步,主要用于躲闪对方的正面进攻,并有利于自己的迅速反击。

左闪步:前脚向左侧迅速蹭 20～30 cm,紧接着后脚以前脚为轴迅速向左滑动,角度在 40°～90°,动作完成后大致成预备姿势的步型(图7-1-3)。

右闪步:后脚向右方横向蹭出,随后以髋部带动前脚向右侧滑动,身体转动角度一般在 60°～90°,完成后成预备姿势(图7-1-4)。

要点:主要以髋部力量带动闪步动作的完成,避免移动中上体前俯。

3.纵步。纵步分为前、后两种,主要是用于远距离时迅速接近对方或在中近距离时迅速摆脱对方的一种步法。现以向前纵步为例,两脚同时蹬地向前纵出 30～40 cm,在动作完成的过程中始终保持预备姿势(图7-1-5)。

向后纵步与向前纵步的动作要领相同,方向相反(图7-1-6)。

要点:主要以两脚跟的力量纵出,不宜过分降低重心启动和腾空过高。

4.垫步。垫步分为两种,一种是垫一步,一种是在上一步的基础上再跟垫一步。垫步一般直接用于配合腿的进攻动作。因为其中已包括垫一步的技术,这里只介绍跟垫一步的技术:重心前移,后脚蹬地向前脚内侧并拢,随即前腿屈膝提起,根据情况使用蹬、踹腿法。上动不停,在用腿法的同时,支撑腿随蹬(踹)腿向前再垫出一步,脚跟斜向前(图7-1-7)。

要点:后脚向前脚并拢要快,前腿提起衔接要紧,垫步与腿法应同时完成。

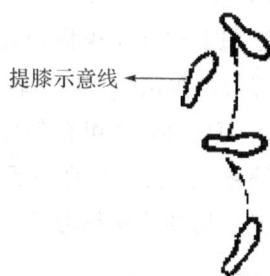

提膝示意线

图7-1-5 图7-1-6 图7-1-7

5.击步。击步分向前、向后两种,是在远距离需接近对手或近距离需脱离对手时运用的一种常见步法。

向前击步:重心前移,后脚蹬地向前脚内侧迅速靠拢,在后脚着地的同时前脚向前方迅速跃出,着地后两脚成预备姿势步型(图7-1-8)。

向后击步:重心后移,前脚蹬地向后脚内侧靠拢,着地后两脚成预备姿势步型(图7-1-9)。

要点:两脚动作要依次、连贯、快速,上体不能前俯后仰。

6.交换步。交换步是左右架交换式的一种步法,多用于左右架交替使用。

从预备姿势开始,前后脚同时蹬地稍离地面,在空中左右腿前后交换,转体120°左右,同时两臂也做前后体位的交换,完成动作后成与原来相反的预备姿势(图7-1-10)。

要点:腾空不可过高,转换时要以髋部力量快速带动两腿交换,上体要协调一致。

图7-1-8 图7-1-9 图7-1-10

（二）基本要求

1.要活。是指步法移动和变换要灵活敏捷。运动时轻松自如,虚实变换,让对手抓不住自己身体重心变化的规律。

2.要疾。是指步法移动的速度。"手打三分腿打七,胜人全凭脚下疾。"在对抗中,任何一方要发动进攻,就必须以快速的步法接近对方,同时还要迅速撤出,才能躲过对方反击。

3.要稳。是指步法移动的稳定性。步法移动时要保持"三点一面"的稳定性,在使用动作时,重心投影点尽量不要超过支撑面太多。

4.要准。是指步法移动的准确性。准确地移动步法,能为进攻、防守和防守反击赢得时间。

（三）教学提示

1.单项步法练习。在预备姿势的基础上进行一次步法的反复练习,认真体会动作要领。此时不求速度,只要求动作规格,并注重与步法的协调关系。

2.组合步法练习。在熟练掌握各种步法的基础上,先将一两种或两三种步法有规律地串编起来反复练习,而后再随机组合各种步法练习。

3.结合反应练习。包括听口令或看手势进行规定或任意步法的练习,指定一攻一防的步法练习,互为任意攻防的步法练习等。不断培养运动员熟练、灵活运用步法的能力。

第二节　基本拳法

拳法是进攻技术的主要方法。基本拳法主要有冲拳、摆拳、抄拳和鞭拳。

（一）动作要领

1.冲拳。冲拳属于直线型攻击方法,分为前、后冲拳两种,在拳法中是中远距离进攻对方的主要手段。

(1)前手冲拳:从预备姿势开始(以下拳法均同),后脚蹬地,重心前移,同时以髋带动肩向内旋转10°左右。由肩带动前手臂的前臂快速直线出击,力达拳面,手臂自然伸直,后手置于原来位置(图7-2-1)。

图7-2-1　　　　　　图7-2-2　　　　　　图7-2-3

要点:出拳时应以肩催臂动,不得有回拉和翻肘现象。收拳路线同出拳,并迅速回复到原来的预备姿势。

(2)后手冲拳:后脚蹬地,以脚前掌为轴向内扣转。随之合髋转腰压肩,向正前方直线出拳,力达拳面;同时前手拳直线收回至前额前方,肘部自然弯曲贴于肋部(图7-2-2)。

要点:发力顺序应起于后脚,传送到腰、肩、肘,达于拳面;上体要随之转动。还原时则以腰带肘,主动回收。

2.掼拳。掼拳是弧线形进攻方法,分为前、后掼拳两种,在相互的连续击打中使用率较高,且击打力量很大。

(1)前手掼拳:后脚蹬地,身体由髋带动腰向内旋转15°~20°,同时重心前移;前手臂抬肘略高于肩,肩微张,前手拳向外侧前方伸出,上臂和前臂的角度相对固定(图7-2-3)。当髋部完成旋转角度后迅速制动,由制动的惯性使张开的肩回收而产生合力。此时的出拳臂仍按从侧前方向正前方的路线划动,最终又因髋部制动的合力牵制而制动,产生掼拳的力量(图7-2-4)。

图7-2-4　　　　　　　　　　　　　　　　　　图7-2-5

要点:力从腰发,腰绕纵轴向右转动。臂微屈,肘尖抬至与肩平,动作完成后迅速放松,基本按原路线恢复到预备姿势。

(2)后手掼拳:以后脚的脚前掌为轴内旋,带动转髋,重心前移。后手臂抬起与肩平,拳向前外侧伸展,上臂与前臂形成一定夹角并相对固定;同时前手臂自然弯曲收回贴于肋间,拳置于下颏处。上动不停,继续向内转髋,出拳臂微微张肩,由于惯性带动拳向前水平横摆(图7-2-5)。转动的髋部随之制动,其惯性带出拳臂产生制动,最终形成掼拳的合力。

要点:转髋转腰与掼拳发力要协调一致。发力时,肘尖微抬,使肩、肘、腕基本成水平。

3.抄拳。抄拳是近距离攻击的拳法,它分为前、后抄拳两种,主要是在相互对抗时使用,或是在与其他拳法的配合使用。

(1)前手抄拳:上体微向外、向下转动,前腿微屈,扣膝合髋,前手臂收回轻贴于左肋部,拳置于左面颊外侧,重心偏于前体。上动不停,后脚蹬地,左髋向上、向内挺出,前手拳随挺髋动作向前上方击出,出拳臂夹角根据所击距离调整,拳心向上,微内扣(图7-2-7)。

要点:抄拳动作要连贯、顺达,用力要由下至上。出拳时肩要放松,发力短促,拳呈螺旋形运行。

图7-2-7　　　　　　　图7-2-8(侧面)　　　　　图7-2-9(正面)

（2）后手抄拳：上体微向后、向下转动，重心略降低并合胯。后脚蹬地挺胯，微向前上转体，后手臂随之根据所击打距离加大角度向前、向上出拳，拳心向内，重心前移（图7-2-8）。随着挺胯到位后的制动，产生的惯性使出拳制动，力达拳面（图7-2-9）。

要点：借助右脚蹬地、扣膝、合胯、转腰的力量，发力由下至上，协调顺达。

4.鞭拳。鞭拳是弧线型攻击方法之一，使用率较低，却不失为一种出奇制胜的拳法。鞭拳一般分为原地右后转身右手鞭拳、上步左转身左手鞭拳、盖步右转身右手鞭拳。现以原地右后转身右手鞭拳为例：身体以前脚脚掌为轴，右脚蹬地向后旋转，同时前臂收回贴于脚前（图7-2-10），上动不停，身体继续旋转、右臂抬肘与肩平，向后侧横向甩打（图7-2-11）。

图7-2-10　　　　　　　　　　　　　　　　　图7-2-11

要点：转体要快，以头领先，动作连贯。鞭拳时，以腰带臂，前臂鞭打甩拳。

（二）教学提示

1.原地单一拳法练习。在预备姿势的基础上进行单一拳法的反复练习，体会和掌握每一种拳法的方向、路线、发力顺序及着力点。练习时，可先慢速放松进行，待熟练后逐渐加速用力完成。

2.配合步法练习。在原地拳法熟练掌握的基础上进行拳法与步法的配合练习。重点体会拳与步的协调配合，掌握移动中的发拳技术。此时也应先慢后快，先单一后变化、组合。

3.打靶练习。分固定打靶和打活动靶。打固定靶主要是纠正动作，体会发力；打活动靶主要是提高反应速度和灵活、准确运用拳法的能力。

第三节　基本腿法

腿法是攻防对抗中远距攻击的主要方法,力度大,攻击力强,应用比重很大,实战基本腿法主要有蹬、踹、扫、摆等。

(一)动作要领

1.正蹬腿

正蹬腿在相互抱缠阶段或在相互踢打时作为摆脱方法使用较多,效果较好。分为前、后正蹬两种,现以前腿正蹬为例:从预备姿势开始(以下腿法介绍均同),重心微后移,后腿膝关节微屈,上体微后坐,前腿正面提起,脚尖勾起(图7-3-1),上动不停,两臂自然下垂护住两肋,同时送胯,带动大小腿向前方水平蹬出,脚前掌下压,力达脚全掌(图7-3-2)。

图7-3-1　　　　　　　　　图7-3-2　　　　　　　　　图7-3-3

要点:屈膝高抬,爆发用力,快速连贯。

2.侧踹腿

实战中侧踹腿主要用于进攻与阻击,是运用率较高的腿法,分为前、后侧踹两种,现以前腿侧踹为例:重心稍后移,前腿屈膝提起与胯同高,与上体呈 90°,小腿外摆,脚尖勾起向外翻出(图7-3-4)。身体继续向侧后仰,同时展髋伸膝向前踹出,脚尖横向,力达脚掌的后部。此时支撑腿的脚后跟斜向前方,前手置于踹出腿的大腿上方,后手置于下颏前方(图7-3-5)。

要点:踹出时要展胯,以大腿推动小腿直线快速向前发力。上体、大腿、小腿、脚掌成一条直线。

3.摆踢

摆踢腿法运用很广,按照高度可分为高、中、低三种,按运动形式可分为侧摆踢和转身摆踢,其中侧摆踢又可分为前、后腿侧摆踢,转身摆踢可分为前、后转身摆踢。现以前腿侧摆踢和后转身摆踢两个动作为例进行讲解。

(1)前腿侧摆踢:重心后移,上体微向右后转动并向后侧仰,两手臂下落,同时屈膝提腿,并向内扣膝翻胯,大小腿夹角大约保持在130°左右(图7-3-6)。上动不停,由转体翻胯带动大小腿向外侧前上方摆踢,在击打到物体的瞬间,小腿由于加速甩出与大腿基本成直线(图7-3-7)。

图7-3-5　　　　　　　　　图7-3-6　　　　　　　　　图7-3-7

要点:以转体带动摆腿,动作连贯、快速。在完成摆踢动作之前,膝关节不要超过身体中心线,以使大腿随转体继续向中心线摆动,加大小腿的摆踢速度。

(2)后转身摆踢:前臂收回,重心前移,上体微向右下侧合转,以前腿脚前掌为轴,后腿蹬地向右后转身(图7-3-8)。随转体后腿展胯,大小腿伸直由下往上、由后向前横摆,脚背绷紧,力达脚掌和脚跟(图7-3-9)。

要点:蹬地、转体、展胯、挺膝、绷脚背完成。摆腿成弧线,最高点应在预备姿势的正前方。摆踢下落时身体应继续转动至启动前的身体位置。

图7-3-8　　　　　　　　　　　　　　　　图7-3-9

4.扫腿

扫腿是一种低位的攻击腿法,多在对手拳势猛烈、硬打时运用。它分为前、后扫腿两种。这里主要介绍后扫腿:上体拧腰下潜,前腿屈膝全蹲,以前脚掌为轴,同时两手在两腿之间扶地,后腿伸直(图7-3-10)。上动不停,后腿伸直向侧后方弧形擦地后扫(图7-3-11),扫腿超过正前方,在几乎回到原来启动位置后两手推地起立。

要点:下潜蹲地与转体展胯要快速连贯,以身体转动带动扫腿,扫腿时脚尖内扣勾紧,力达脚跟和跟腱处。

图 7-3-10　　　　　　　　　　　　　　　　图 7-3-11

（二）教学提示

1.柔韧性练习。采用武术基本功中的腿部柔韧练习方法，进行压、搬、劈、踢、摆等练习。

2.扶肋木或原地练习。手扶肋木或在原地进行各种腿法的空踢练习，体会动作要领。

3.踢打沙包和脚靶练习。进行踢打沙包和脚靶的反复练习、纠正动作，体会发力，提高击腿的力度。

4.结合步法练习。将腿法与步法相结合进行移动中腿法练习，掌握步法与腿法的配合方法，使之协调一致。

5.结合拳法练习。把腿法与拳法相结合进行拳腿衔接练习，掌握配合方法，使之上下交替，配合紧密。

6.组合练习。一是几种腿法的相互组合，一是与步法的各种组合。提高腿法的运用能力和配合技巧。

（三）踢打法的基本要求

1.速度要快。"腿来不易躲，因其疾；拳来不易防，因其快。"踢打技术必须打出"快"的特点，才能收到防不胜防的效果。

2.力量要重。力量是指踢打的力度，只有踢打具有力度，才能做到"方法清楚，效果明显"；只有进攻力量大，才能重创对手。要使力量重，除应具备力量素质外，还必须提高全身发力的协调性，达到动作发力完整。

3.力点要准。力点泛指进攻动作的着力点，应把握准确。力点不准，也会极大地减小动作的力度，降低踢、打的效果和威力。

4.预兆要小。所谓预兆，是指做动作前暴露了进攻意图。动作有预兆，进攻不但不能实现，反而会给对手创造反击的时机。因此，踢打动作必须减少预兆。

5.方法要巧。顺其力破之为巧，逆其力破之为拙。踢打方法的巧妙，必须将攻击的时机、掌握对手的重心、控制动作的力度有机地结合起来，才能取得最佳的效果。

第四节　基本摔法

实用摔法是非常奏效的一种防卫方法，有效的摔法可以使自己占有有利的主控局面，能给对手造成很大的精神压力。其特点一是"快"摔；二是几乎无"把"可抓；三是摔法可与拳法、腿法并用。基本摔法大致可分为主动摔法和接腿摔法两类。

（一）动作要领

1.主动摔。指在对抗中主动运用摔法的技术。主动摔法根据"把位"大致分为夹颈、抱腰和抱腿，同一部位又可分为若干个具体的摔法。为便于识别，下面技术图中，穿黑短裤者为甲方，穿白短裤者为乙方。

（1）夹颈过背：甲方用前臂架在乙方的两臂内侧时，用右臂由乙方肩上穿过，屈臂夹住乙方颈部，同时左脚跟步至与右脚平行，两腿屈膝，塌腰，右臀部紧贴乙方小腹部（图7-4-1）。上动不停，甲方夹住乙方颈部，低头用力将乙方从背上摔过，同时两膝猛向后蹬伸（图7-4-2）。

要点：夹颈要紧，跟步转身要快，低头、蹬腿要协调、快速。

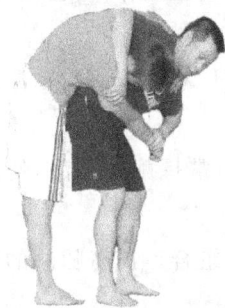

图7-4-1　　　　　　　　图7-4-2　　　　　　　　图7-4-3

（2）插肩过背：甲方用前臂从乙方相对的腋下穿过，上右步至与左脚平行，两膝屈膝，同时后手固定住乙方另一手臂（图7-4-3）。随之两腿蹬直，向下低头、弓腰，前手臂由侧后向前发力，将乙方摔倒（图7-4-4）。

要点：插肩要快并固定紧，背步转身要协调快速，低头、弓腰、蹬腿连贯有力。

（3）抱腿前顶：甲方上步下潜，两手搂抱乙方双膝关节处，用力回拉，同时用左肩前顶对方大腿根或小腹部将乙方摔倒（图7-4-5）。

要点：下潜要快，抱腿要紧，两臂后拉与肩顶协调一致。

2.接腿摔。指在实战对抗中接住对方的腿后运用相应的摔法将其摔倒。

图7-4-4　　　　　　　　图7-4-5　　　　　　　　图7-4-6

（1）接腿摔：甲方接住乙方的左腿，用双手将其固定住，不让其挣脱（图7-4-6）。上动不停,甲方左腿往侧后方撤一步,并固定住乙方的腿往怀里带(图7-4-7)。上动不停,甲方双手固定住乙的腿向下、向左、向上做弧形的牵引,将对方摔倒(图7-4-8)。

要点:抓握对方腿时"把"位要准确、牢固,划弧牵引的动作幅度要大而连贯有力。

图 7-4-8

图 7-4-9

(2)接腿别腿:甲方接住乙方的左腿,用一手将乙方的脚踝关节固定位,用另一手搂抱住乙方的膝关节部位(图7-4-9)。上动不停,甲方左腿伸至对方支撑腿侧后别对方,同时用胸部向外、向下压住对方被搂抱的腿,把对方摔倒(图7-4-10)。

要点:接腿快捷、准确,并迅速牵引至自己的右肋部。别腿、压腿协调一致。

图 7-4-10

图 7-4-11

(二)基本要求

1.要借势。是指在运用各种摔法时,要借助对手重心不稳或将要失去平衡的姿势,抓住时机,稍加力量将其摔倒。

2.要掀底。是指采用摔法时,要利用掀、拉、格、托等方法破坏对方的支撑点,使对方摔倒为止。

3.要别根。是指通过自己身体的某一肢体绞绊对方支撑重心的根部,使动作更加省力和巧妙地摔倒对方。

4.要靠身。是指配合身体向前挤靠对方,破坏其重心将其摔倒。

(三)教学提示

1."空摔"练习。将摔法动作编成脱离对手的单练动作,反复演练,以便于掌握动作要领和协调动作。

2.进靶练习。两人一对,一人做靶,另一人用摔法反复进行抢靶到位练习,不必发力摔人。

3.摔靶练习。两人一组,一人为摔靶者,另一人为配合者。摔靶者反复运用某个摔法将其摔倒,要求动作与用力协调结合。

4.对抗练习。熟练掌握一定摔法后,两人可先做抢靶练习,在此基础上可进行相互摔靶练习。

5.倒地练习。包括前滚翻、后滚翻、前倒、侧倒、后倒和抢背等。这既是摔法必备的基本功练习,也是自我保护能力的培养与锻炼。

第五节 擒拿基本技术

一、擒拿基本技术特点分析

擒拿,属于武术四击(踢、打、摔、拿)中的一法。它是以反拿对方关节取胜的一种独特的运动形式。其特点是:拿一点,制全身,反关节,伤筋骨。用于防身自卫,是近战制敌的有效功法之一,根据擒拿法的一般规律,主要方法为十六个字,即:撅、压、拧、掐、卡、锁、卷、托、扛、提、抱、别、剪、缠、挟、错。

撅:以己之力,促使对方手臂关节向手背方向过度屈曲,使其伤痛。

压:以自己身体某一部位(如前臂),置于对方被相对固定的反关节处,并由上向下沉降使其伤痛。

拧:以一手或双手抓住对方某部位,促其过分地向里或向外旋转使其伤痛。

掐:两手虎口张开,四指并拢并稍屈或拇指与食指分开并稍屈(其他三指并拢屈于手心中)钳状,两指相向用力,钳于对方要害部位(如喉)。

卡:两手虎口张开,四指并拢,拇指交错呈钳状,钳于对方要害部位(如喉),做相向用力的动作使其伤痛。

锁:以手臂之力勾住或扣住对方要害部位(如喉),使其被擒。

卷:以一手或双手握住对方手或关节,使该关节沿手心方向极度屈曲,使其伤痛。

搬:以一手或双手从下向上或从前向后背反对方某关节使其伤痛。

挎:先使对方背反关节,再以另一前臂或肘部由下向上挂提,使其伤痛。

托:被对方抓住并处于被动地位时,速用一手将对方来手拿住,同时用另一手从下向上举推其反关节处,使其伤痛。

扛:一手或双手背反对方之关节,使其肘尖向下或置于自己肩上,速以肩部升提之力伤其关节,使其疼痛。

提:一手或双手擒住对方某一部位,由下向上拉举,使其失去平衡。

抱:以两手臂从前或从后或从侧搂住对方,使其陷于被动。

别:背反对方关节并固定一端(有时也不固定),同时由外向里交错用力,使其关节伤痛。

剪:两手或两腿交叉呈剪刀状交错用力,使其伤痛成失去平衡。

缠：以手或足扣锁住对方某关节，并向不同方向绕转，使其伤痛。

挟：以左（右）臂由外展，迅速内收并上提，使其关节伤痛。

错：以手或前臂推动或滚动对方反关节处，使其伤痛。

上述 16 种方法，根据情况可分别单用；为了获得最佳效果，且可相互组合用之。同时每个字的用法，尚须根据对方来势而定。如果对方取我上位，我一般应选用托、扛等法，如果对方取我下位，我一般应选用压、挎、提等法；如果我被对方抓住处于被动地位时，则一般应采用缠、拧、搬等法；当对方的攻击力较大时，我就应将几种拿法结合起来使用，如拧与压结合、搬与拧结合、抱与提结合等，这样可发挥更大的攻击力或变被动为主动。然而无论采用哪种方法，都不应固守死法，一成不变，而应该学有定数，用无定法，酌情应变，灵活使用。正如《孙子兵法》所说："夫兵形象水。水之行避高而趋下，兵之形避实而击虚，水因地而制流，兵因敌而制胜。故兵无常势，水无常形。能因敌变化而取胜者，谓之神。"

为了更好地发挥擒拿的威力，仅学习和掌握擒拿的技术方法是远远不够的，必须加强身体的全面训练。谚语说"百巧百能，无力不能"、"有力则有威"，长期的实践已证明，练好擒拿，力量是基础，灵巧是关键，技术是根本。所以必须与系统的身体素质锻炼相结合。

二、擒拿基本技术应用图解

（一）迎击撅指

拿法：甲用右掌向乙胸部或面部击来，乙速用右手抓住甲之手指用力向前、稍向下撅之（图 7-5-1、图 7-5-2）。（以下图中白衬衫者均为甲。）

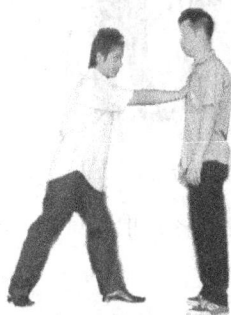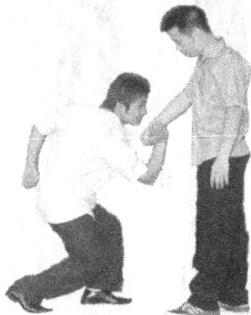

图 7-5-1　　　　　　　　图 7-5-2　　　　　　　　图 7-5-3

要点：乙应顺甲右臂的来势抓握，下撅时要以身助臂方能生效。

解法：甲用左手从下向上挑击，抓控乙之右手腕，同时右手下抽并前击乙之胃口中脘穴处（图 7-5-3）。甲用左手拍击自己的右腕亦可解之。

要点：甲左手挑击乙之右手腕和右手下抽要同时完成；前击乙之胃口中脘穴要顺肩伸肘坐腕，速度宜快。

（二）抓腕撅指

拿法：甲用右手抓住乙左手腕，乙速用右手从下抓握甲右手指，使甲不得逃脱，同时两手向上用力屈肘撅甲之右四指（图 7-5-4、图 7-5-5）。

要点：乙用右手抓握时，左手要同时外旋内收，上托屈肘时速度宜快。

解法：甲速用左手从下、向上托自己右手腕使右手抽出（图7-5-6）。

要点：甲上托自己右手时，屈肘回带，同时右手指迅速伸开。

图7-5-4　　　　　　　　图7-5-5　　　　　　　　图7-5-6

（三）抓肩撅指

拿法：甲用右手抓住乙之左肩，乙速用右手从上扣抓甲右手小指侧，并将小指抠起而扳之（图7-5-7、图7-5-8）。

要点：抠抓甲的小指时，身体稍向右转，右小臂外旋，撅指要快，同时左肩内扣以助撅指之力。

图7-5-7　　　　　　　　图7-5-8　　　　　　　　图7-5-9

解法：甲速用左手向前猛推乙之右手臂，使乙之右小臂不能外旋或将其推脱（图7-5-9）。

要点：推乙之右手时，力量要猛并稍向上。

（四）抓胸撅指

拿法：当甲用右手抓住乙胸襟时，乙速用右手拇指插入并抓住甲之拇指，继而右小臂外旋，上体前倾撅甲之手指（图7-5-10、图7-5-11）。

要点：抓握甲之拇指要紧，撅指要用力，小臂外旋和上体前倾要协调一致。

解法：甲速用左小臂向上猛挑乙之右手腕，同时右手猛向下抽出，随之向前推击乙之裆部。

要点：甲左手向上挑击与右手向下猛抽用力要同时；击裆速度要快，力点在掌根。

（五）前抓头撅腕

拿法：甲用右手从正面抓住乙的头顶，乙连用两手扣住甲之右手，使之不得逃脱，继而上体前倾，重心下降，快速低头向下撅之（图7-5-12、图7-5-13）。

要点：用两手小指侧卡住甲之掌背，紧扣于自己的头上；向下撅指时，屈身低头与两手用力要一致。

图 7-5-10

图 7-5-11

图 7-5-12

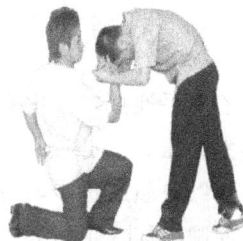

图 7-5-13

解法:甲速向前进半步,同时左手向上猛击乙之面部,右手快速下抽。

要点:进步要快,左手上击面部时要拧腰顺肩,上下动作要同时进行。

(六)后抓头撅腕

拿法:当乙前行或站立时,甲用右手从身后抓住乙的头顶,乙速用两手扣住甲之右手背,随之向左转体 180°与甲成对面站立、两手和头一起向上用力撅之(图 7-5-14、图 7-5-15、图 7-5-16)。

要点:转身时要稍下蹲低头,身体前倾,撅腕时要挺身,抬头向后用力。

图 7-5-14

图 7-5-15

图 7-5-16

解法:甲用左手向上猛托自己的手腕,使右手抽出或用左手向上猛击乙之面部而破之。

要点:甲向上托时要稍向右转体,右肘向上用力。

121

（七）抓胸撅腕

拿法：甲用右手抓握（或击打）乙之胸部，乙速用双手（虎口朝上）接握住甲之右手掌，继而上体前倾下压，两小臂外旋向下撅之（图7-5-17、图7-5-18）。

图7-5-17

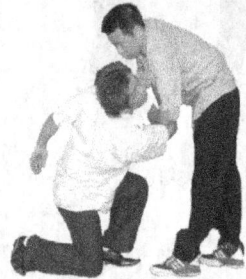

图7-5-18

要点：乙双手迎接抓握甲右手时速度要快，用两手小指侧扣压住甲之右掌根，撅指时身体前倾，用力下压。

解法：甲顺势屈腿进步，顶肘猛击乙之腹部。

要点：屈腿、进步、顶肘要一致，顶肘时要转腰顺肩。

图7-5-19

图7-5-20

（八）抓臂撅腕

拿法：当甲用左手（虎口朝下）抓住乙右肘时，乙速向上屈右肘并用左手抓住甲左手背，立即下蹲，上体稍前倾下压撅之（图7-5-19、图7-5-20、图7-5-21、图7-5-21附）。

图7-5-21　　　　　　　　图7-5-21附　　　　　　　　图7-5-22

要点：乙左手的抓握、两腿下蹲和上体前倾下压要快速连贯左手小指侧要紧紧卡住甲之左手背根部。

解法：甲速用右手（手心向上）托抓乙右手腕，同时起身向上、向左、向下搬拧乙之右小臂而破之（图 7-5-22、图 7-5-23）。

要点：下搬拧时向左转腰，右手向前下方按压，右臂伸直。

（九）击面下搋肘

拿法：当甲用左拳击打乙面部时，乙速向右闪身并用左手将抓甲之左手腕拧拉于腹前，腿之向甲左腿后面上右步，右手抓握甲之肘关节向下按搋（图 7-5-24、图 7-5-25）。

要点：抓搦、拧拉的动作要快速连贯，右手抓肘与上右步要一致，右手下按甲臂时，左手上搬使两手交错用力。

解法：甲左臂用力外旋，并进身屈肘顶击乙之腹部。

要点：甲左臂外旋与进身屈肘要快速连贯，顶肘时要蹬腿沉肩。

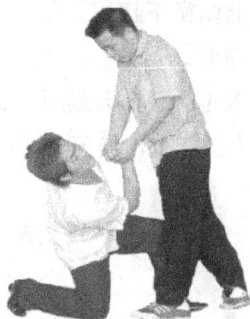

图7-5-23　　　　　　　　图7-5-24　　　　　　　　图7-5-25

第六节　防守技术

防守练习既能有效地保护自己，又能更好地为进攻创造条件。防守技术分为接触式防守和不接触式防守。

一、接触式防守

接触式防守是通过肢体的拦截达到防守的目的,抗阻力能力强,保险性较大。接触式防守主要有阻挡、推拍、格架、截击和抱抄等防守技术。

(一)动作要领

1.阻挡防守。是一种较为低级的被动式防守技术,大致分为肩臂阻挡和提膝阻挡两种。

(1)肩臂阻挡:从预备姿势开始(以下均同),前手臂收回与后臂紧贴左右两肋,两拳护在头部两侧,含胸实腹,低头收下颔。

要点:在承受打击的瞬间,肩臂要迅速紧张。上述动作适用于遇到对方连续打击时,如遇到某一方面的攻击时可用单臂阻挡防守。

(2)提膝阻挡:屈膝提腿,膝关节高度约与胯齐,收回与后手臂紧贴两肋,上体微沉。

要点:判断准确,提膝突然、迅速,位置恰当。

2.推拍防守。主要用于防守对方的拳法和腿法。分为向外、向下的防守,又可分为单手、双手两种。

(1)向外推拍:前(后)手向左(右)做出横向推拍动作。

(2)向下推拍:前后两手突然同时向下推拍。

要点:推拍幅度不宜过大,动作须短促有力,身体应随之配合用力。

3.格架防守。用于防守来自正侧面的各种拳法和腿法。具有改变对方进攻路线的作用。

(1)斜上格架:前手臂稍抬肘向斜上举起,前臂微内旋,同时低头收下颔。

(2)下格架:前手臂收回横向于胸前,随之向腹部下方移动,上体微下沉。

要点:以前臂格挡对方的拳脚。动作不宜过大,要有一种顿挫力。

4.截击防守。是一种积极性的防守技术,它是在判断的基础上,提前阻截对方的进攻动作,或者破坏对方的进攻路线甚至使对方失衡,以利于反击。同时,截击防守还是一种防中寓攻的技术,在很多情况下非常有效。

(1)腿截击:当判断出对方准备用侧踹腿或正蹬动作时,先于对方用侧踹或正蹬阻截住对方的动作路线,或直接攻击对方,使之不能有效地完成进攻动作。

(2)拳截击:当判断出对方准备出前手冲拳的同时出后手冲拳,出拳路线则是沿着对方出拳臂上缘向对方延伸,直至打中对方。

要点:判断准确,动作隐蔽、突然。

5.抱抄防守。

(1)搂抱防守:当对方用拳攻击时,迅速靠近用于搂抱对方,当对方用腿法攻击时,用力抱住对方的攻击腿。

要点:搂抱要准确、果断、有力,并靠近对方。

(2)抓抄防守:当对方用腿法进攻时,在完成动作止点的瞬间,迅速用单手或双手抓住对方的踝关节部位,顺对方来势的方向,加力抄倒对方。

要点:时机要准,顺着对方动作的来劲,破坏其身体重心。

（二）基本要求

1.防守面要大。是指要立足于防一片,不要防一点,以尽力提高防守的成功率。

2.动作幅度要小。是指动作要以防守的效果和是否有利于反击为准。

3.还原转换要快。是指防守后还原成预备姿势或转换为另一种防守、进攻的时间间隔要短。

二、不接触式防守

不接触式防守是通过身体姿势的变化或是位置的移动达到防守的目的。它能充分发挥四肢的攻击作用,但难度较大,主要有闪躲、下潜、摇避等技术方法。

（一）动作要领

1.闪躲防守。主要有侧闪和后闪两种防守方法。

（1）侧闪:上体以腰为轴,向左（右）微转并向左（右）微俯身,两膝微屈,此时前后手臂同置于下颏两侧。

要点:转腰、含胸,眼盯对方。

（2）后闪:以腰为轴,前脚蹬地,重心后移,上体略后仰。

要点:重心水平后移,后仰不可太大,下颏不可抬起。

2.下潜防守。双膝弯曲,重心下降前移,上体略前俯,前手臂自然回贴于肋部,两拳护于下颏两侧。

要点:膝、髋关节和颈部同时弯曲、收缩,动作要快。

3.摇避防守。上体以腰为轴做不规则的前后左右的摇摆,重心时有升降,两臂一般情况下轻贴两肋部,下颏微收。

要点:摇摆时要有反击意识。

（二）基本要求

1.时机要恰当。要求防守的时间与进攻的时间要恰到好处,具备较好的反应能力。

2.位移要准确。身体姿势的改变或距离的移动要有高度的准确性。

3.整体要协调。无论是前避后撤,还是左右躲闪,都必须注意动作的整体性和一致性,使身体协调如一。

（三）教学提示

1.假设性练习。让学生自己想象对手的进攻,反复练习相应的防守动作。

2.不接触的攻防练习。在教师或同伴的帮助下,以规定进攻动作为信号,间隔一定距离,不接触身体,让学生根据信号做出相应的防守动作。这种方法能消除学生的害怕心理,又能提高反应能力。

3.配合练习。两人一组,一攻一防,速度由慢到快,力量由小而大,动作由单一到多样,由原地到移动,反复体会动作要领,检查、改进动作技术,逐渐熟练掌握和灵活运用各种防守技术。

第七节　武术安全防卫基本技术强化训练

自我防卫的技能,是指利用踢、打、摔、拿等各种有效方法战胜对手的能力。其表现形式是多种多样的,就其运用特点和功能性质进行分类,可分为以下四种类型:主动攻击型、防守反击型、被动状态的解脱与反击、面对器械的攻击与防守反击。

为了能尽快掌握防卫技术,提高防卫搏斗能力,减少练习者的运动损伤,使练习者在训练中少走弯路,更好地发挥出自己的体能,承担大量的防卫技术训练和实战训练,在此,介绍基本防卫技战术的训练方法,包括基本技术训练、实用技术训练和实用战术训练等训练方法。

一、基本技术训练

基本技术训练是基础,它主要有步法、进攻技术和防守技术三部分组成。

1. 步法训练

首先是为了配合攻防动作的运用,以达到攻防效果;其次是为了保持动态中的身体平衡与敌我双方的有效距离。步法是技术运用的基础,是构成单个技术的基本要素,"有招必有步"和"步动招随,招起步进"所指的就是这意思。

步法的总体要求是"快"、"灵"、"变"。"快"是指步法移动要迅速;"灵"是指步法移动要轻灵,有弹性,不僵滞;"变"是指步法在运用中能随机应变,转换自如。步法训练的方法如下。

(1)各种步法的单独练习

练习时连续做前进步、后退步、侧跨步、跃步、垫步、闪身步等各种步法,直到动作准确、自然快速。

(2)各种步法的综合练习

练习时以两种或三种以上步法重复练习,其练习步法的线路可变化多端,线路图形有折线、长方形、正方形、梅花形、蛇形等。

(3)两人步法的配合练习

练习时,首先两人做好预备式,规定一方主动,一方被动,做各种步法的相反练习。初学者可做单一步法的练习,熟练后再进行步法的综合陪练。另外,还可双方互为陪练,两人均做好预备式,双方在保持一定的相对距离的情况下,主要做各种步法练习。

(4)接受各种信号的步法反应练习

练习时,可根据教师的手势、口令做各种步法练习;二可根据教师的攻防动作做各种步法练习。练习者要精神高度集中,动作反应要准确迅速,特别是教师给予相反信号时,更要全力以赴,尽量做得完整无误,久而久之,步法就能达到运用自如的程度。

(5)设置各种障碍物的步法练习

在练习者周围摆设各种障碍物,要求练习者巧妙地运用各种步法绕过障碍物到一定的位置上。开始要求会运用步法绕转方向,熟练后,可规定时间,进一步提高动作质量。

2.技术训练

进攻技术是主体技术,其他步法和防守技术的运用,目的是为了更好地进攻。对进攻技术的训练所采用的方法应本着从易到难、从单招到组合到实际对抗的循序渐进原则进行。进攻技术的训练方法如下。

(1)原地规范动作练习

在了解熟悉了动作要领之后,根据要领反复进行单个动作练习,复杂的动作技术还应分解练习。此时的训练不应要求动作的速度和用力程度,重点要求体会动作的要领、起止的路线和作用物体的着力点以及发力的动作机制。通过这种反复练习不断强化动作意识,才能使之形成正确的动力定型。

(2)结合步法的动作练习

经过原地练习掌握了规范动作后,再结合相应步法进行单体技术的练习。与步法结合的原则是拳动步动,腿到步到;在摔法中则是"足随肩随即拧腰,套封插别就见跤"。结合步法训练的目的是为能保持在动态中的平衡和提高行进间完成各种攻防动作的能力,训练的重点就是要解决身体各部的协调配合,保证及时、隐蔽、准确地完成各种攻防动作。

(3)空击练习

空击训练即用想象对手或用自己的影子做各种防守与进攻的方法,是熟练自如地掌握动作技术的重要训练手段,并能以此来加强和改善神经传导通路的信息传递功能,进而提高动作的应变能力和动作反应速度。"空击"练习可根据掌握技术的程度分为几个步骤或阶段来分别实施:第一,个人单体技术空击;第二,个人组合技术空击;第三,随机组合空击。

(4)打靶练习

分为打固定靶和活动靶两种。打固定靶是在相对固定的距离和位置下进行的一种练习,对提高动作的力量和耐力具有事半功倍的效果。活动靶,是在活动中进行的一种练习,对提高反应速度、距离感以及动作的准确性等有很好的效果。因此,在训练中应交替安排打活动靶及固定靶练习。

打固定靶:打固定靶即利用沙袋、千层纸、木桩等练习器材作为击打目标的练习。练习的目的不同,方法也不同。对提高动作速度和打击力量,可规定在一定时间内反复用某一动作或组合动作击打目标,要求动作快速,用力充分。

活动靶即通常所说的打活靶。它是由教师或同伴使用手靶、脚靶或其他辅助器材,给练习者喂递动作,帮助其练习的一种方法。它能有效地提高练习者的进攻及防守反击的动作质量,提高反应速度,建立稳定的条件反射,直到达到自动化。教师可以用靶反击,让运动员迅速做出防守动作,准备下一次击靶。

3.防守技术训练

防守技术是搏斗中不可缺少的内容。防守技术运用得好,能保护自己,为反击提供有效的保证。而科学的练习步骤与方法又是掌握防守技术的重要条件。

(1)个人徒手练习

个人徒手练习,主要是为了建立正确的技术动作。练习者通过模仿体会动作,正确掌握防守动作要领。有条件的可面对镜子或与同伴配合边练习边检查。

（2）假设性练习

假设性练习，是指自己想象对手的进攻，做出相应的防守动作，经过反复强化，建立正确的条件反射，形成正确的动力定型。

（3）不接触的攻防练习

在教师或同伴的帮助下，以规定进攻动作为信号，间隔一定距离，不接触身体，自己根据信号做出相应的防守动作。这种方法的优点是能消除初练者的害怕心理，降低紧张情绪，既保证动作质量，又能提高反应能力。

（4）接触的攻防练习

两人一组，一方进攻，另一方防守，互相接触，进一步提高防守的实效性。进攻一方用力的大小、速度的快慢以及运用方法的简繁等都要根据练习者的实际能力来控制。两人练习可以采用原地和移动两种，原地练习可节省体力，增加练习密度；移动练习可兼练步法，判断距离，更加符合实战。

二、实用技术训练

实用技术训练是全面提高和检查练习者技术运用能力，并获得临场实战经验的有效方法之一。实用技术训练方法有防守反击、条件实战、实战训练等。

1.防守反击训练

单一的防守动作，在训练的初级阶段是非常重要的，但到了基本掌握动作之后，应尽量把防守与反击结合起来，避免形成单纯消极防守的被动局面。防守是为了更好地反击。同时，要把握防守反击的时机和培养防守反击的意识。初练时，须放慢动作速度，熟练后加快动作速度，提高防守反击的准确性和难度。

2.条件实战训练

条件实战是一种有条件限制的训练方法，根据实战训练的需要，规定一定的内容或使用动作的范围进行对抗性训练。其方法有：限制进攻或防守动作的实战对抗；限制击打力量的实战对抗；限制击打部位的实战对抗；限制场地环境的实战对抗等。它的优点是针对性强，能有效地训练和提高练习者的某些能力和运用某些方法的能力。

3.实战训练

实战训练是检验和提高技术、战术的重要方法，是总结积累实战经验的有效措施，它是无任何条件的真打实摔练习。分戴护具的实战和不戴护具的实战训练。实战训练可选择不同类型的对手进行，每次安排一种类型的对手，以适应不同对手的打法。若要灵活自如地运用所掌握的技术动作，只有通过反复的实战训练来不断提高技战术的实战应用能力。

三、实用战术训练

实用战术是根据双方的各种具体情况，为战胜对方而采取的计策和方法。在双方旗鼓相当、势均力敌的情况下，正确地运用战术，可以减少体力的消耗和无效行动，对战胜对手具有重要的作用。战术训练的方法通常有：假设性训练、模拟训练和心理训练等。

1.假设性训练

假设性训练是设想对方不同的打法,"身临其境",假设性地运用相应的打法形式。这种练习可以一种战术反复练习,也可多种战术练习;可以单人练习,也可以配套练习。总之,可以设想各种情况进行空想空击,也可利用沙包、树干、假人等目标,采用"佯攻巧打",或"闪躲进攻"来击中目标。这种想练结合的方法,主要目的是培养战术意识,掌握各种战术的具体用法。

2.模拟训练

是教师或同伴模仿不同战术训练所需的动作,陪练习者练习的一种方法。要求模拟者动作逼真,以提高练习者适应能力和战术运用能力。模拟训练应逐步加大难度,可由慢到快,虚实结合,由固定到活动,由单一的打法到多种打法,逐渐增加难度,以提高各种战术的运用能力。

3.心理训练

心理战术是通过一些特定的方式和措施,给对方造成心理上的压力,从而达到战胜对手的方法。心理战术形式多样,如隐瞒实力,麻痹对方;漏出破绽,造成对方的错觉;激怒对方或松懈对方的斗志等。其目的是迫使对方紧张、急躁、恐惧、气馁,从而失去信心,导致失败。

从掌握技术到应用技术是一个较大的飞跃。实际对抗是相当复杂的,然而又是有规律可循的,做到系统科学地训练就会事半功倍。

思考题

1. 指出擒拿基本技术特点。

2. 防守技术分为接触式防守和不接触式防守,分别指出两种防守各包括哪几种方式。

3. 能够熟练掌握各种拳法、腿法、摔法和擒拿方法的技术特点。能够做到方法正确,用力顺达、果断快速。

第八章 武术安全防卫技术在生活中的应用

普通高职学生对于武术的需求重在生活实践的应用,而非体育专业的系统训练和比赛,不是单纯为了练技术单纯提高技巧而训练,重在平时生活的防身自卫。本章旨在使学生在掌握上一章武术安全防卫基本技术的基础上,学会在生活和工作中对武术踢打摔拿各种防卫技巧的具体应用。本章主要包括武术安全防卫徒手技术应用,应对歹徒手持器械的进攻,生活中特殊危险情况的防身技术,在生活中遭遇歹徒时灵活利用生活物品作为临时武器进行自我防卫。

第一节 武术安全防卫技术特点与防卫原则

一、安全防卫技术的特点

防卫的技术有很多种,如拳打,脚踢,头顶肩撞,肘膝并用,乃至口咬等。上臂架,格挡,背对腰转,腿别支拨,弹蹬踹,冲摆捅等都是技术防卫的主要方法。有一句顺口溜概括了这些防卫技术不同的使用场合:"远踢,近打,靠摔拿。"是指在实际的格斗中,要根据具体情况来决定使用哪一种技术方法,或者交替使用一种或多种方法。踢法、打法、摔法、擒拿法和反擒拿等各种技法是相辅相成的。在与犯罪分子进行搏斗时,要做到瞬间多变,以巧取胜,攻其一点,击打要害。

二、安全防卫技术原则

技术防卫的原则,就是在抗击犯罪分子的袭击、侵犯时,所应掌握和遵循的一般规律和常识,其中不但有踢、打、摔、拿等技术原理,还要掌握一定的人体运动力学和解剖学知识;同时也包括战略战术、心理、体力等诸方面的问题。具体掌握防卫技术的原则是:

第一,沉着冷静,机智勇敢。

技术防卫是根据不法分子使用不同的手段和方法向自己的身体不同部位进行侵犯时所采用的技击方法。须沉着冷静、机密勇敢,才能做到很好地观察,准确地判断,巧妙地防卫,从而有力地打击对手。沉着冷静,是指面对不法分子的袭击,心神要安定,不慌不乱,手脚有序,保持清醒而冷静的头脑,尽快地观察和判断出不法分子的人数、周围的环境、有无凶器、不法分子的身体状况,以及他们的破绽、要害和薄弱部位等。对这些有了清晰的判断后,还要勇于做出决定,采取哪一种或哪几种防卫技术,来打击犯罪分子,保护自己。机智勇敢就是要掌握有利时机,利用一切可以利用的物品和机会,发挥自己良好的防身技术和智慧,见机行动。不动则已,动则要果断勇猛,骤然猛烈地同犯罪分子进行打击,如强虎扑食之形。以英勇的气势在精神上压倒敌人,用熟练的防卫技术行动是取得胜利的基础。

第二,假象哄敌,出奇制胜。

为使防卫技术运用恰当,还应注意诱发和利用不法分子的错误心理,造成各种假象去欺骗对方,使其产生各种错觉,有益于自己抓住最有利的战机。如假装顺从,佯装软弱无力,或装出胆怯害怕的样子,有时可能麻痹坏人。比如在有的场合,可以谎称:"远处来人了",转移其视线,或将他想要的财物主动送上分散其注意力,使其放松警惕,暴露出要害或薄弱部位。这样,就可出拳则准,抬脚则中,取得胜利。

第三,顺势化力,以巧取胜。

防身术的技术防卫要求在动作姿势的运用上有科学性,不鲁莽行事,不硬顶强抗,而要运用力学知识,在技术上以巧妙的动作顺势使劲,化力制敌,以巧取胜。

在犯罪分子发动袭击时,不管出拳还是起腿,其身体必须做出一定的姿势。这时候要根据其身体姿势和来力,采取相应的动作进行防卫或抗击。要注意避免逆势顶劲,否则就会吃亏。力是人体肌肉收缩而产生出来的一种功能,有动有静,有缓有急,有大有小,有方向、作用点等。要根据来势,将其来力化解。如不法分子向胸部猛推一掌时应该顺势向后撤步,同时双手迅速抓其手指,借力向后下方猛拉其手指,这样,坏人将被牵拉倒地从而被制服。再如,不法分子的右手用力抓住右手腕时,可以将手臂弯曲,同时左手扣抓其右手背上,身体左转右臂弧形旋绕化力将其右臂反擒。

第四,拿筋错骨,击打要害。

防身术的技术动作,主要是根据人体解剖学知识,以反拿关节,攻击薄弱部位,并以击打要害为主要内容。它的每个动作,乃至一招一式,无不体现这种方法。俗话说:"伤其十指不如断其一指。"人是一个有机的整体,如果某一部位致伤会使身体局部或全部功能受到障碍。人体中的要害部位受到击打后,会暂时或永久地造成其机能或机制的损害,会使人出现疼痛、晕迷等情况,甚至死亡。所以说拿筋错骨,击打要害是防身术的原则之一。

武术防卫的四项原则不是单独存在毫无联系的,在实地与不法分子进行斗争的过程中,要综合运用才能做到加强力度,使这些原则协同地体现在每个技术动作当中。

第二节 武术安全防卫徒手技术应用

面对歹徒的徒手进攻,当两人同时赤手空拳时,如果能够把握好点、线、面、距四方面的应用技巧,就容易在搏斗中占据优势。

1. 点:是指使用的进攻点。武术历来就有"上三路,下三路"的"三盘"之说。头为上盘,躯干为中盘,下肢为下盘。躯干与下肢又可分为两点,躯干胸部为上,腹部为下;下肢大腿为上,小腿为下。进攻不同的点则需要不同的技术。围绕进攻点的变化,要掌握与其相适应的进攻方法。不论对手双方如何变化,都能做到心中有数,有的放矢。可以利用进攻和防守空间活动范围大的特点,在使用技术时尽量扩大进攻和防守的视野,提高观察、判断、反应能力以及无序动作操作的思维能力,抓住击点多变的技术规律,真正做到灵巧多变。

2.线:是指技术动作的运行路线。任何一个动作的完成都有路线轨迹,所有的防卫技术无外乎直线和弧线运动。直线上的动作主要有冲拳、蹬腿、踹腿等。其优点是距离短、幅度小、速度快。弧线上的动作主要有抄拳、鞭拳、弹腿、摆腿、扫腿等。弧线动作可以绕开对方的直线动作,以弧线破直线,还可以向两侧进攻。在实战中,应充分发挥直线、弧线动作的不同作用,发挥技术的整体功能。

3.面:是指对抗时不同的姿势状态。双方在互相攻防搏斗动作转换过程中,身体姿势的面向会出现各种各样的变化,如正面、侧面、背面、前俯、后仰、转身等。由于格斗运动的预备姿势是正面面对对方,练习者往往养成了正面使用技术的习惯。然而在互相搏斗时,有相当一部分动作改变正面面对对方的情况,如果缺乏不同面向的进攻手段,将会失去很多的进攻机会。因此加强侧面、背面、前俯、后仰、转身等不同姿势状态下的进攻能力锻炼,有利于技术应用能力的全面发挥。

4.距:是指双方所处位置的间隔距离。掌握距离变化规律和使用相应技术的能力,是提高防卫技术不可忽视的一个重要环节。同一防卫技术,双方所处位置的距离不同,使用方法也各异。例如踹腿,因距离远可结合上步、插步、盖步、垫步等步法缩短距离而发起进攻。若对方向前,则可后撤或后转身做踹腿进攻,对方进攻,另一方闪躲或退防时,闪躲的方向和退防的位置距离,原则上要便于自己使用反击动作。退得太近,躲闪不开,退得太远,躲闪后不便反击,浪费一次进攻机会。因此,不管是进攻还是防守,掌握距离的变化规律是有效进攻和防守的关键。

下面介绍面对歹徒的徒手进攻时的解脱方法。

1.被歹徒抓住前领时的解脱方法

(1)若歹徒以右手从正面抓我前领,我即用左手按压其右手背以右冲拳击其下颌(图8-2-1)。

要领:按压对方手背要有力,冲拳要狠。

图8-2-1　　　　　　　图8-2-2　　　　　　　图8-2-3

(2)若歹徒以右手从正面抓我前领时,我即以左手按压其右手背,同时,提右膝顶撞其上、中、下三路(图8-2-2)。

要领:顶膝要迅速有力。

（3）若歹徒以右手从正面抓我前领时，我即用左手反扭其手腕，同时，向左拧腰，以右肘横击其右面门（图8-2-3）。

要领：扭腕、横击要一气呵成。

2. 当歹徒用拳袭击太阳穴时的解脱方法

（1）对方用右掌小指侧向我右太阳穴击来，我即用左小臂外侧格防，随即右掌前伸，靠近对方颈部；同时，左手前伸，用手勾住其领后侧，用力向下拉压，使对方上体前倾；然后，我上体前移，右手向前从其头左侧抓住其下颌，用力向上、向左拧转，两手形成合力扭转其头（图8-2-4、图8-2-5）。

（2）如对方抬头相抗，我即前移重心，迅速抬右膝猛撞其面部（图8-2-6）。

要领：左手向下勾压要突然迅速，右手抓拧要准确有力。

图8-2-4　　　　　　　　图8-2-5　　　　　　　　图8-2-6

3. 被对方单手抓住手腕的解脱方法

（1）手腕被对方抓住时，对方抓来之手最薄弱的环节在于拇指一侧，即使对方比你强壮很多，一般而言，你的一臂之力总大于对方一指之力。只要合理运用杠杆原理，就可轻易解脱。

（2）当对方虎口对着他自己抓时，可迅速从其拇指一侧将胳膊伸直下压，以拳指地；当对方虎口对着你抓时，可以从其拇指一侧迅速曲臂抬肘，进行解脱，拳面对自己（图8-2-7、图8-2-8、图8-2-9）。

图8-2-7　　　　　　　　图8-2-8　　　　　　　　图8-2-9

4. 被对方双手抓住手腕的解脱方法

被双手抓住双手时，可以用单手解脱同样的方法解脱。被双手抓住一只手时，除了可以用另一只手击打其头部要害或颈部、心窝处,也可以以另一只手抓住被抓手的拳头,然后迅速转体回撑,即可解脱。

5.当歹徒从后面抓住双肩时的解脱方法

(1)歹徒从身后双手抓我两肩,我当即迅速撤右脚,右转身,右臂屈肘顶其胸(图8-2-10、图8-2-11);

(2)然后用右掌击打歹徒腹部(图8-2-12)。

要领:转身突然,顶肘迅疾,击打有力。

| 图8-2-10 | 图8-2-11 | 图8-2-12 |

6.被歹徒从后面擒住手腕时的解脱方法

(1)若歹徒从后面用双手擒住我右腕(图8-2-13);

(2)我即迅速向后撤左脚,落于对方左脚外侧,同时身体随之左转,用左肘向后猛力顶撞对方的它肘部(图8-2-14)。

要领:动作迅速,落脚稳定,充分利用回转之力顶肘。

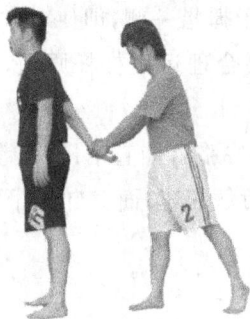

| 图8-2-13 | 图8-2-14 |

7.对付歹徒迎面来拳进攻头部时的解脱方法

(1)歹徒用左直拳击我头部,我向右躲闪(图8-2-15);

(2)当歹徒拳收回时,我迅速上步,用右勾踢攻击其左脚跟将其勾倒(图8-2-16)。

要领:勾踢要迅速有力,并向左前方用力。

8.当歹徒迎面来拳进攻前胸时的解脱方法

(1)歹徒上右步,以左拳击我胸部时,我则以左臂向右格挡对方之来拳(图8-2-17);

(2)我随后快速上左脚至对方右腿内侧,身体向右猛转,以左肘尖猛击歹徒颈、面部(图

图 8-2-15

图 8-2-16

8-2-18)。肘应随身体右转撞击歹徒。

图 8-2-17

图 8-2-18

9.当歹徒用拳击腹时的解脱方法

(1)歹徒上左脚,用直拳击我胃腹部;

(2)我迅速上右脚,身体左转,侧身躲闪,并用左手抓捏歹徒左手腕,然后右臂屈肘下压其左肘弯,使从重心前移(图 8-2-19);

(3)然后,我猛抬右肘,用肘尖向前、向右撞击歹徒面部(图 8-2-20)。

要领:撞肘时要抬臂送肩,肘尖应随身体右转撞击歹徒。

图 8-2-19

图 8-2-20

10.当与歹徒双方对峙不下时的主动出击——铲腿踹腹

(1)双方对峙(图 8-2-21);

(2)我向前垫步，身体向右转，用左脚铲击歹徒左膝(图8-2-22)；

(3)若歹徒后撤，我即向左转体180°，落左步，用右脚侧踹歹徒中盘(图8-2-23)。

要领：压肘时，左腿弯曲右腿绷直，重心下移，同时左手用力下带，抬肘顶撞应快速有力。

图8-2-21　　　　　　图8-2-22　　　　　　图8-2-23

11.面对歹徒的直腿侧蹬时的解脱方法——锁抱踢胸

(1)双方对峙(图8-2-24)；

(2)歹徒若用右直腿踢我左侧腰肋部，我即向左转体，用双手锁抱歹徒攻击之右腿(图8-2-25)；

(3)随即用右腿弹踢歹徒胸、腹部(图8-2-26)。

要领：转体锁腿动作要快速、准确，弹踢要有力。

图8-2-24　　　　　　图8-2-25　　　　　　图8-2-26

12.被歹徒抱住时的解脱方法——转腰撞击

(1)歹徒从后面用双手将我抱住(图8-2-27)；

(2)我即用左肘向后猛击歹徒面部(图8-2-28)。

要领：肘击时，要用转腰的力量增加攻击力。

13.用抱腿摔法对付歹徒来拳

(1)当对方以左冲拳击我头部，我在避闪的同时用右臂向外格挡，左手则护于胸前(图8-2-29)；

(2)然后趁对方收手之际，双手扑击其面门，若他仰头闪过，我双手即顺其两臂外侧迅速下抹至对方大腿外侧，同时右脚进步至其裆内(图8-2-30)；

(3)再以双手搂紧其大腿，身体猛向前撞，使对方倒地(图8-2-31)。

图 8-2-27

图 8-2-28

要领:击面、搂腿、身撞必须迅速一致。

图8-2-29

图8-2-30

图8-2-31

14.对付歹徒的摆拳横击

(1)歹徒用右摆拳朝我左面颊横击,我即抬左手上迎,趁势抓住对方右腕,我右脚进至歹徒右脚内侧,右手由对方右肘下向上抄起,挎住对手的右肘,同时左手抓其右腕就势下压(图 8-2-32、图 8-2-33、图 8-2-34);

(2)我左脚前移半步,进至歹徒右脚后方,上体右转,同时右手挎住歹徒右肘向右下压,左手拿住歹徒右腕,朝对方背后推扭,同时左腿屈膝提起,用脚掌踩住歹徒的右肩,用左手将歹徒右腕向下按至左脚腕上,迫使歹徒全身伏地(图 8-2-35、图 8-2-36)。

要领:抓腕要牢,别肘要迅速有力,踩肩要狠。

图8-2-32　　　　图8-2-33　　　　图8-2-34　　　　图8-2-35　　　　图8-2-36

15.对付歹徒的正面弹踢(图 8-2-37)

(1)若歹徒用右弹腿踢击我腹部,我即向歹徒腿内侧闪,左手抄抱歹徒右腿(图 8-2-38);

（2）随即，我身体向右拧压，右掌推压歹徒肩部（图8-2-39）；

（3）我右腿插入歹徒左膝，将对手摔倒（图8-2-40）。

要领：闪进迅速，抄腿、推肩、别腿应协调一致。

图8-2-37　　　　　　图8-2-38　　　　　　图8-2-39　　　　　图8-2-40

16.对付歹徒迎面勾踢

（1）歹徒以右横勾踢腿踢我头部时，我迅速下蹲，上体左转（图8-2-41）；

（2）立即右足里合勾踢点击其裆部（图8-2-42）。

要领：当对方腿袭来时，蹲身、点裆要快。

图 8-2-41　　　　　　　　　　　　　　　　　图 8-2-42

17.对付歹徒弹腿踢裆——采用勾踢连环

（1）歹徒弹腿击我裆部，我即用右勾踢拦住其进攻的小腿（图8-2-43）；

（2）如其收腿，我即迅疾抬腿踹击其上盘（图8-2-44）。

图 8-2-43　　　　　　　　　　　　　　　　图 8-2-44

第三节　面对手持器械进攻的应对方法

菜刀、斧子、匕首、木棍、雨伞、拐杖、螺丝刀等器械,是人们日常生活中常用的工具,这些器械也常被不法分子用来行凶作案,严重危害人们的生命财产安全。面对手持凶器的歹徒,首先要沉着冷静,察情观势,灵活机动地使用徒手夺凶器技术。出其不意、准确迅速地击打其要害,擒拿其关节,最后达到制服、擒住歹徒的目的。器械的种类很多,但其用法不外乎刺、戳、劈、砍、扫、拦、击、打等方法。这里仅介绍具有代表性的对付匕首、长棍的防卫法,习练者可根据实际情况举一反三,灵活运用。

如果对方持器械时,要具体问题具体分析,下面针对不同器械,进行简要介绍。

1.遇对方持刀械时

(1)徒手应对持刀对手,先仔细观察对方武器情况,如长短及刀刃方向,然后伺机防守反击。

(2)手持衣服遮挡身体,使对方难以把握刺击目标,待对方刀具触及衣服时,迅速包住刀具,向对方薄弱部位展开攻击。

(3)充分利用腿的优势,当对方持刀刺来,可佯装惊怕后退,待对方向前移动时,迅速踢踹对方小腹、裆部,或迅速上踢对方持刀手臂。

(4)设法击打或握住对手持刀手腕,就会变被动为主动。

2.遇对方持棍棒时

(1)徒手应对持棍棒的对手时,以守为主,待对方进攻时,迅速防守反击。

(2)利用衣服、皮带等随身物品缠绕对方棍棒。

(3)接近对方,乘机用身体撞击对方。

(4)面对对方棍棒来袭,双臂交叉成"X"形挡住对方,接近握棍部位迅速抓住对方手臂前拉,并迅速起腿踢或用膝撞击对方胸部。

3.遇对方持枪时

与对方进行搏斗时如遇对方持枪,应及时避开枪口方向,寻机死死抓住枪管并猛力攻击对方薄弱部位。

下面以应对匕首和长棍为例,介绍具体的防卫方法。

一、对付匕首进攻的防卫方法

歹徒手持匕首向胸前猛刺时的解脱方法很多,如下所示。

1.拧腕压肘

对方在我正前方。右手反握匕首、上右步向前刺我胸部。我左脚迅即向左侧前方上步成左弓步,身体向右闪转;并顺势以右手抓住对方右手腕、向外翻拧。随即我左脚向前上步,落在对方右脚前侧,别住其右腿。同时,我左手猛力下压对方肘关节(图8-3-1、图8-3-2)。

动作要求:闪身防避要及时,抓腕要准确,拧腕压肘要有力,动作要连贯快速。

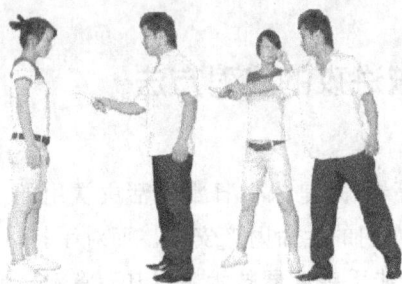

图 8-3-1   图 8-3-2

2.抓腕推肘

对方在我正前方,右手反握匕首,上右步刺我胸部。我左脚向前上半步,并向右转体90°,闪身躲避其进攻;顺势以右手抓住对方右手腕,向右拉带。同时,左掌猛力向前推击对方右肘关节(图 8-3-3、图 8-3-4)。

图 8-3-3   图 8-3-4

动作要求:闪身要及时,抓腕要准确,并用力向右侧拉带。推肘要突然有力,两手动作要协调配合。

3.击上踢下

对方在我正前方。右手反握匕首,上右步向前刺我胸部或喉部。我左腿在前,用左小臂向外格挡对方右小臂;随即右拳向前猛击对方面部,接着再以右腿向前弹踢对方小腹部或裆部(图 8-3-5、图 8-3-6、图 8-3-7)。

图 8-3-5   图 8-3-6   图 8-3-7

动作要求:格挡、击面、踢裆,三个动作要连贯快速进行,上下配合要协调。

4.抓发撞腰

对方在我正前方、右手反握匕首,上右步向前刺我喉部或面部,我向前上步侧身闪防;同时用右手抓住对方右手腕,向右后方拉带。随即以左手抓住对方头发向后下方拉扯;接着,右腿伸直支撑身体、左腿屈膝,向前顶撞对方腰部(图8-3-8、图8-3-9)。

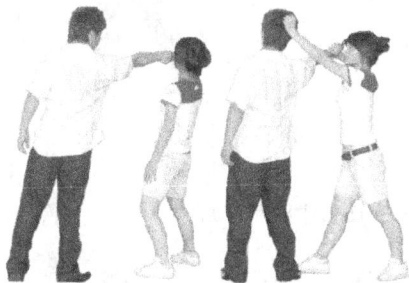

图 8-3-8　　　　　　　　　　　　　　　　　图 8-3-9

动作要求:闪防要及时,抓腕要准确,并迅速向右后方用力拉带。抓发后拉和撞腰动作要同时用力完成。

5.扛肘拉腕

对方在我正前方,右手反握匕首,上右步向前刺我面部或喉部。我左脚向左前方上步,并向右转体90°,侧身闪防,以右手抓握住对方右手腕,向右侧拉带;随即左脚向前上步、身体右转90°,背向对方,并使对方右臂被我扛在左肩上,两手抓住其右腕用力下拉,使其肘关节受创(图8-3-10、图8-3-11)。

动作要求:抓腕要准。上步转身要快,扛肘要突然,下拉要用力。

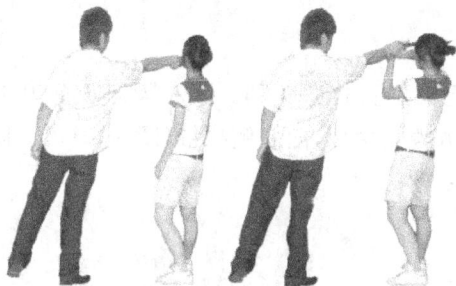

图 8-3-10　　　　　　　　　　　　　　　　图 8-3-11

6.抓手卷腕

对方在我正前方,右手反握匕首,上右步向前刺我胸部。我左脚向左前方上步,并向右转体90°,侧身闪防,左手顺势向左前抓握住对方右手腕;接着我左脚向后撤一步、重心下降,两臂弯曲,右手协助左手抓住对方右手腕(两手大拇指顶住其右手背),用力向外翻转(图8-3-12、图8-3-13)。

7.压腕掀肘

对方在我正前方,右手正握匕首,上右步向前刺我面部或胸部,我右脚向前上步,以左手向左前方抓握住对方手腕,向左下方搬压;右手向上托住对方右肘关节后部,向上掀抬。

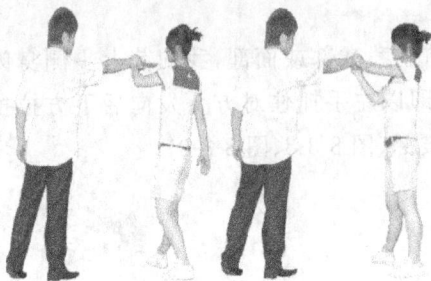

图 8-3-12　　　　　　　　　　　　　　　　　图 8-3-13

两手同时用力,使对方肘关节受创(图 8-3-14、图 8-3-15、图 8-3-16)。

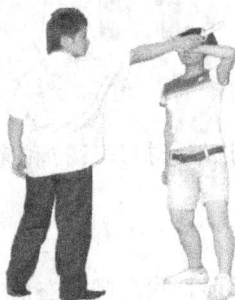
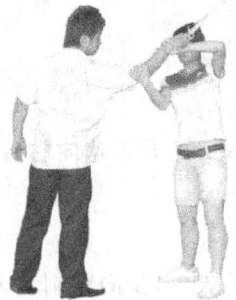

图8-3-14　　　　　　　图8-3-15　　　　　　　图8-3-16

二、对付长棍进攻的防卫法

如果歹徒手持长棍,则应靠近其身体,采用近距离反攻,使其长棍优势难以发挥,进而反攻。具体反攻方法有如下几种。

1.拉棍戳眼

对方在我正前方,上右步,两手持棍,由上向下劈打我头部。我左脚向左前方上步,身体稍左转,侧身闪防;并顺势以右手抓握住对方棍的中部,向右侧拉带(图 8-3-17)。同时,左手和食指分开,用力向前戳击对方双眼(图 8-3-18)。

图 8-3-17　　　　　　　　　　　　　　图 8-3-18

要点:上步侧身闪防、抓棍要快速及时,戳眼要突然有力。

2.击头顶裆

对方在我正前方,两手握棍,上右步,从右向左横我左肋部。我左脚向前上步,以左手向左前方抓握住棍的前部,向左拉带;随即,右肘弯曲上抬,向前左方横摆击打对方左太阳穴处。接着右腿屈膝上抬,向前上方撞击对方裆部(图8-3-19、图8-3-20、图8-3-21)。

图8-3-19　　　　　　　　　图8-3-20　　　　　　　　　图8-3-21

要点:上步抓棍要快速及时,横摆肘要快速有力,撞裆要突然凶狠,全部动作要协调连贯。

3. 击颌踹腹

对方在我正前方,两手持棍,右脚在前,由上而下劈打我头部。我左脚向左前方上步,身体左转,侧身闪防;并顺势以右手抓握住棍的中部,向右侧拉带。同时,左手握拳向前猛击对方下颌部,随即,再以左脚向左侧踹击对方腹部(图8-3-22、图8-3-23、图8-3-24)。

图8-3-22　　　　　　　　　图8-3-23　　　　　　　　　图8-3-24

要点:上步侧身闪防、抓棍要准确及时。击颌要有力,侧踹要突然,上下动作要连贯协调。

4. 踢裆顶胸

图8-3-25　　　　　　　　　图8-3-26　　　　　　　　　图8-3-27

对方在我正前方,右脚在前,双手握棍由上而下劈击我头部。我左脚向左前方上步,两腿屈膝,含胸俯身,向下闪防,避开对方攻击;随即,左腿支撑身体。用右腿向右前方弹踢对方裆部。接着身体右转,右手抓住对方棍的中部向右拉带;同时,以左肘尖向前顶击对方胸部(图8-3-25、图8-3-26、图8-3-27)。

要点：上步向下闪防要快速及时,踢裆要准确突然。顶肘要和拉棍协调配合,顶肘时,身体重心向前,臂内旋,力达肘尖。

5.砍喉勾踢

对方在我正前方,两手握棍上左步,由下而上劈击我头部,或用棍端戳击我胸部。我右脚向右前方上步,向左转体侧身闪防;并顺势用左手抓握住棍的前部,向左后侧拉带。同时,右掌掌心向下,由左向右砍击对方喉颈部。随即,右脚尖勾起,向前勾踢对方左腿踝关节后侧,使其向后仰跌(图8-3-28、图8-3-29)。

图 8-3-28

图 8-3-29

要点：上步侧身闪防、抓棍要快速及时砍掌要有力,勾踢要突然,上下动作要配合协调。

6.拉棍顶颌

对方在我正前方,上左步,两手持棍劈打我头部。我迅速向左前方上左步,稍向右转体侧身闪防;并顺势以右手抓握住对方棍的中部,向体右侧拉带。同时,左臂弯屈上抬,以肘关节向前左侧顶击对方下颌部(图8-3-30、图8-3-31)。

图 8-3-30

图 8-3-31

要点：上步侧身闪防要快,抓棍要准,顶颌要狠,左右手配合要协调。

7.击颌蹬膝

对方在我正前方,两手持棍,上右步,戳我胸部。我右脚向前上方上步,身体左转90°,侧身闪防,左手顺势抓住对方棍的前部向左侧拉带。同时,右拳向前猛击对方下颌;接着,右手协助左手向左侧拉棍,左腿支撑身体,以右脚向右蹬踹对方右膝关节处(图8-3-32、图8-3-33、图8-3-34)。

图8-3-32

图8-3-33

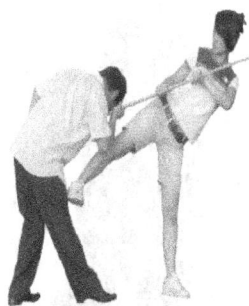
图8-3-34

第四节 特殊场合下的应急防身技术

在生活中难免会遇到一些特殊场合的危险情况,本节介绍在不幸遭遇特殊情况下的防身技巧。

1. 当坏人扭住妇女右臂(图 8-4-1),妄图带到阴暗处作案时应怎么办?

应左肘平屈,迅速左后转体,顶击坏人头部(图 8-4-2)。接着,将左手食、中二指伸直,其余三指弯曲,直捅坏人双眼(图 8-4-3)。

动作要点:转体顶肘要猛,手指出手迅速准确。

图8-4-1

图8-4-2

图8-4-3

2. 当坏人用右手将妇女右手拧至背后(图 8-4-4),左手捂住嘴巴,妄图挟持至阴暗处作案时应怎么办?

应左肘弯曲由下向斜上顶击坏人左肋(图 8-4-5),随即身体前倾,左手撑地,左脚向后上方蹬击坏人裆部(图 8-4-6)。

要点:顶肘要有力,撑地踢裆要准确迅速。

图8-4-4　　　　　　　　　图8-4-5　　　　　　　　　图8-4-6

3.在没有人或人少的道路上行走时,突然发现有坏人从后面或前面威逼过来时,应怎么办?

可向坏人逼来的相反方向跑去(图 8-4-8),当坏人即将接近时,可突然屈膝伏身,使坏人扑空或借势用力将其从自己身背上摔过去(图 8-4-9),然后迅速向坏人面部砸拳(图 8-4-10)。

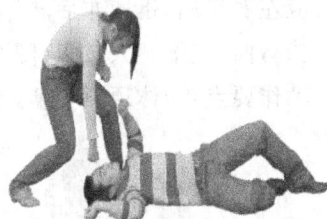

图8-4-8　　　　　　　　　图8-4-9　　　　　　　　　图8-4-10

4.在楼道内,坏人在楼梯上面用力推操向下走时(图 8-4-11),应怎么办?

应突然抓住坏人手腕下拉,同时身体左转,屈膝,上体停顿前倾,手撑地,伏身将坏人从后背上摔下去(图 8-4-12)。这时可迅速追下去,抬脚踢击坏人头部(图 8-4-13)。

要点:下拉要猛,伏身要突然,踢击要狠。

图8-4-11　　　　　　　　　图8-4-12　　　　　　　　　图8-4-13

5.在街道上,坏人用大衣将妇女蒙住并持刀威胁妇女跟他走时(图 8-4-14),应怎么办?

应在左脚上步同时,身体右转,右小臂后摆,格挡开坏人持刀手臂,左手推抓其持刀手臂随即右手回抱坏人腰部,左膝抬起猛力顶其裆部(图 8-4-15)。同时右手握拳直冲坏人面部。

要点:上步转体及后摆臂要快,握抓要准,顶裆要猛。

图8-4-14　　　　　　图8-4-15　　　　　　　　　　图8-4-15

6.被多人围住时的突围方法——如何设法"瞄准一人"?

现实中的安全防卫有时不像体育比赛那样,是公平的一对一,当被多人围住的时候,该怎么办呢? 应设法"瞄准一人"然后下决心背水一战。

(1)首先应注意,最好避免被人从后面包抄。尽量靠近墙壁而立、以免腹背受敌。而后,对付第一个扑上来的家伙。一般说来,第一个上来的是其中较强者,将其制服,进行威慑(图 8-4-16)。

(2)也可迅速下蹲,后背靠墙,这个动作很容易做得到。然后,攻击一人的膝关节,并将

背靠墙而立

狠狠打击第一个上来的人

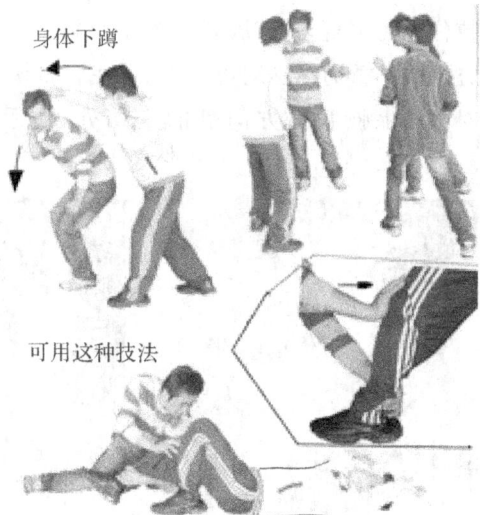

身体下蹲

可用这种技法

图 8-4-16　　　　　　　　　　　　图 8-4-17

其摔倒（图 8-4-17）。

（3）充分利用一切，攻击其他歹徒，攻击其眼睛，是一条捷径。唾沫也好，砂土也好，草叶也好，什么都行，首先迷住一个人的眼睛。即使被另一个人拽住、也可以将手甩向对方面部，手背击打对方眼睛，赢得充分的时间跑向安全地带（图 8-4-18）。

以手臂向对方眼睛甩打

图 8-4-18

固守车内

图 8-4-19

7．开车时被袭击的防卫方法

（1）最聪明的做法是关上车窗，锁上车门，不理不睬（图 8-4-19）。

（2）在没有来得及关闭车窗的情况下，往往是暴徒伸手一把抓住你的脖领，另一只手伸拳打来。这时你可以双手抓住他抓脖领的那只手腕。然后，向旁边的助手席上倾倒身体，拉住他的手臂，将其脸猛力撞击车窗。这些动作的要领是左脚用力蹬住车体，全力抓住对方手臂。重力撞击对方头部，迫使胳膊松弛。这时，迅速将其胳膊插到方向盘中，用左手将对方的手腕塞到方向盘的空档处，右手抓住拇指以外的四个手指，将其按在上面（图 8-4-20）。

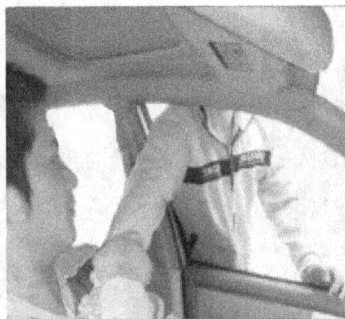
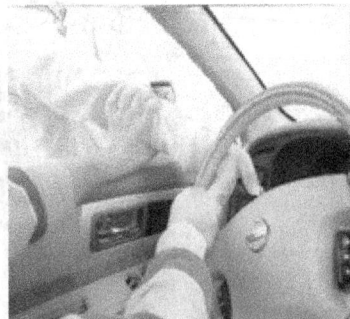

图 8-4-20

（3）如果车门还没来得及上锁，歹徒可能抓住你的衣领，向外拉拽。在这种情况下，要尽量向车内移动身体，左脚用力撑住，左手抓住对方伸过来的手腕，右手移到对方的肩部，反关节将其向前别摔，使其趴在你的膝盖上。然后将对方手外反控其背后，探身抓住便当调节器，惩罚对手。要点是绝不能离开驾驶座位，而是将对手引到狭窄的驾驶员席上。这与古代兵法上，"当与长器械的对手交战时，应将其诱致狭窄地带，使其器械无法舞动"是同一道理（图 8-4-21）。

8.女子遭遇色狼骚扰时的摆脱方法

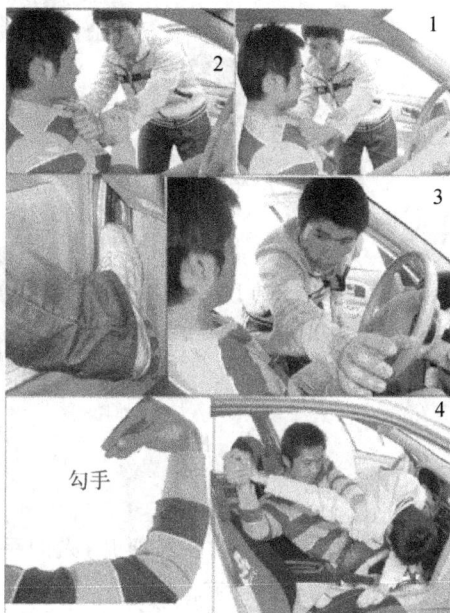

图 8-4-21

这样用戒指

图 8-4-22

（1）可以利用各种能及的物品进行反击（图 8-4-22）

女子遭到流氓袭击时，至关重要的是要有一种绝对不能受侵犯的坚强信念，只要有了这种决心就能反击。比如，挥动肩上挂着的背包、流氓就可能无法接近，要是背包碰巧击中对方的脸部就会使他受点伤。如果不幸被抓住，那就用手上戴的戒指，使劲朝对方的手背砸上去；要是戴着手表，也可用它攻打对方的眼部，如果穿的是高跟鞋，就用鞋跟狠踩对方的脚，这些都是很有效的反击方法。如果充分利用这些身边的武器，可以找到许多逃脱的机会。

（2）被从后面抱住腰时的情形（图 8-4-23）

流氓多从后边搂抱，如果女子拼命挣扎，就有可能挣脱对方的胳膊，用肘尖顶击流氓面部，重创对方，乘机逃脱。关键是要双手交叉，张开胳膊肘，抢动手臂。此外，还可以千方百计地抓住流氓伸在前边的胳膊，用全身力气向下坠。即使是女子，体重也有四五十公斤，男人的胳膊承受不了这样的重量，肯定被挣脱。

张开双肘即成有力的武器

压住对手的
胳膊往下坠

向后倒下

图 8-4-23

抓住其手指
就能简单
地松开

抓住松开的手腕
用力向里弯

图 8-4-24

（3）被从后面勒住脖子（图 8-4-24）

收紧下颌是防止被勒的第一秘诀，之后，先掰开对手的小指，小指一经掰开，人的手劲就削弱了，随后握其小指、带动其他手指，即可轻而易举地使其手臂移开。

（4）被对方骑住时的解脱方法

①首先，将双脚像钟摆一样左右摆动，对手不管如何强壮，也会因此而左右摇摆或上下颠簸。接着，不失时机地按住对方掐在脖子上的双手，用一条腿的膝盖猛烈撞击对手的脊骨（图 8-4-25）。

要领：以右膝撞击时，右肩着地，抬起左肩；以左膝撞击时，左肩着地，右肩抬起。

②如果自己的双手没有被牢牢控制住，可以用双手从外侧用力，使其双肘相撞，也可将对手的双肘向内侧推压，并抱住对方的双肘向一侧滚动（图 8-4-26）。

③也可用单手或双手猛推其肘关节外侧，使其失去平衡（图 8-4-27）。

④也可双臂交叉，锁住其衣领，向下勒紧，使其窒息（图 8-4-28）。

⑤除可用上述所列方法击打解脱或反拿解脱外，还可在两手向后推托对方两臂肘关节的同时，猛然向后上挺腹，将对方从我头后托顶摔出，我顺势解脱或将对方反拿制服（图 8-4-29）。

⑥另外，若是对方双臂按住自己的肩部，可用右臂将其左臂肘的外侧向内推，以左臂向内推其右臂肘部，使其双臂交叉，并握住其右手腕，将其推倒，站起身来（图 8-4-30）。

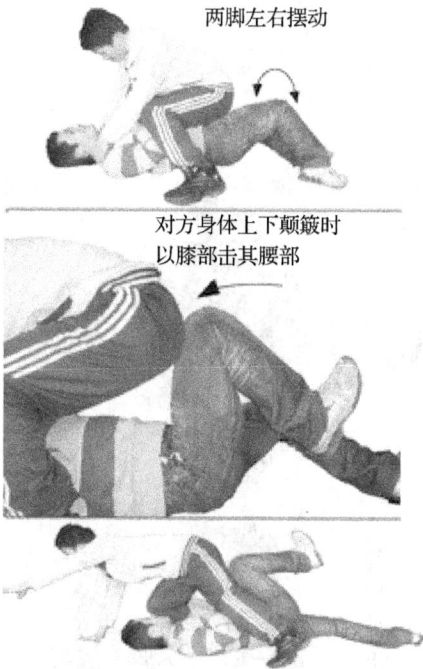

图 8-4-25

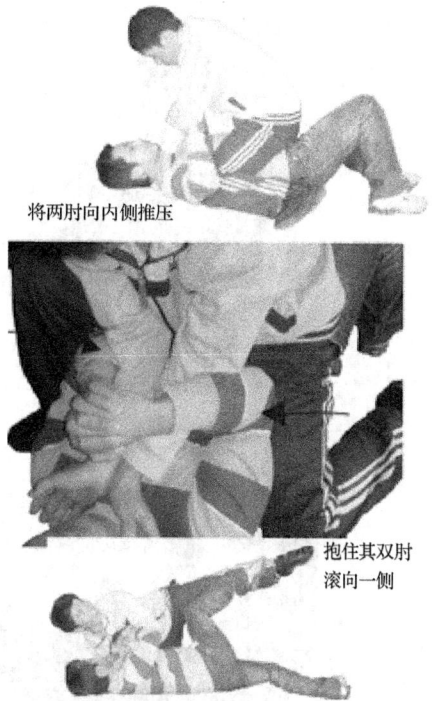

图 8-4-26

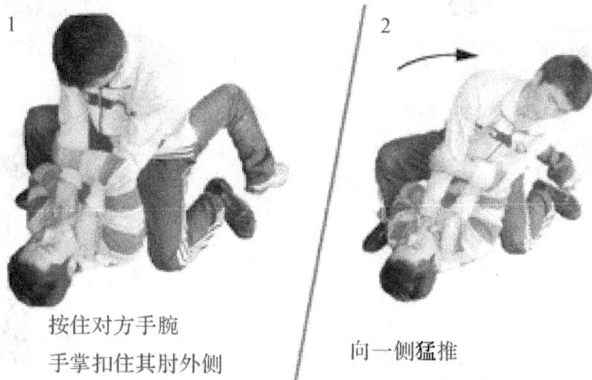

图 8-4-27

（5）头发被抓时的解脱方法

（1）当被从前面抓住头发时的情形

①如下图所示，如果只想脱开，只须将其肘向上推，即可破解（图 8-4-31）。

②危急时，用掌心扑击对方眼，掌指戳击对方咽喉、腋窝，"透骨拳"点击对方肋，掌根砍击对方肘或大臂肱二头肌以及各种便利的拳法、肘法，腿法、膝法等击打方法击打解脱。

③必要时，用两手向下扣压对方掌背，头顶向前顶对方掌心的合力反折对方腕后，以"折腕牵羊"将对方反拿制服；或以左手按压对方掌背，右手抓对方肘下拉，顺势反折夹抱对方臂，将对方反拿制服（图 8-4-32、图 8-4-33、图 8-4-34）。

双手成十字交叉抓住
对方衣领

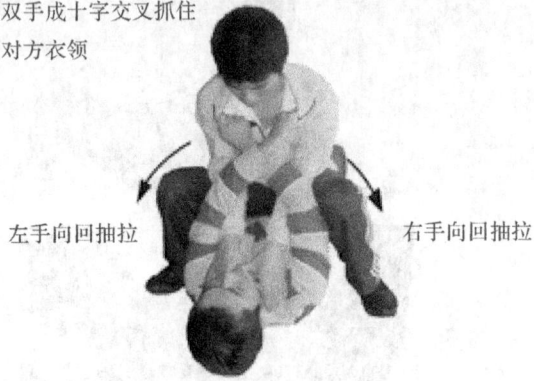

左手向回抽拉　　　　　　右手向回抽拉

图 8-4-28

图 8-4-29

右手掌抵住对方右手腕
右手掌从下托住其左手腕

像把方向盘一样回转双手

按住对方右手同时翻转起身

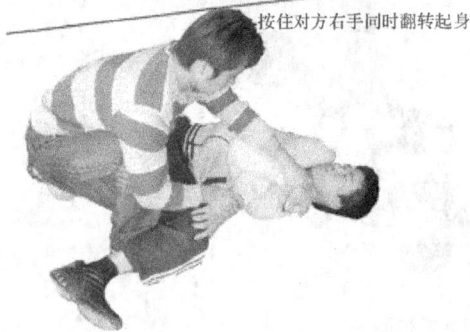

图 8-4-30

将其肘部向上推

图 8-4-31

图 8-4-32

图8-4-33

图8-4-34

（2）头发被从后面抓时的情形

①对方由后以右手抓住我头发时，我应首先快速转身，或低头、缩脖、耸肩并向前俯腰或后撤一步支撑，以防止出现被对方抓发后拉而向后仰身失去重心或被拉倒的被动局面，为我实施解脱与反拿创造条件。随即可以用掌心向后撩击对方裆部，也可后转身以鞭拳击打对方面、颈，或以腿侧踹对方胸、腹，或侧转下截对方之腿，或以脚跟跺对方脚背等方法击打解脱。

②必要时，我可在本能反应的基础上，双手由头后抓握对方腕，以"翻身拧腕别臂"将对方反拿制服（图 8-4-35）。

图 8-4-35

③如果对方用猛力向后下方拽，切忌顺着对方拉按的力量、身体直挺挺地向后倒，这样很容易磕到头后部。这种时候，还不如先跟着往后退一两步，然后主动向后坐下。一旦坐到地上，便有反击的机会了。例如，可以将一只手伸到对方两腿之间，猛击其膝关节的曲折部位，使其向前跪倒。如果坐下的身体与对方贴得很近，仍用一只于伸到对方双腿之间，用手腕勾住对方的一个脚跟，然后身体用力向对方膝部猛力后靠并倒地。对手会立即仰面摔倒（图 8-4-36）。

3. 对方用头撞时防卫方法

有些善于打架者，尤其是小个子的人，善于以头相撞，前牙易被撞断。对付这种进攻，最好的防御方法是敏捷地用双手护住自己，手掌朝对手一方，以双手推其头部（图 8-4-37）。

也可诱其入怀，然后从对方背上把胳膊抢过去，抓住其腰带附近，把胳膊绷直，对方会难以忍受（图 8-4-38）。

4. 被勒住脖子时的解脱办法

（1）被从正面勒住脖子时的情形

①在对方将我推挤顶靠在支撑物（墙、树、车身等）上，并以双手扼住我喉的危急时刻，在收紧下颌和屏息憋气，以缓解对方扼喉压力，同时可用双拳从对方两臂之间上冲撑开对方臂后，双拳向下砸击对方面部（图 8-4-39）。

②也可以双手手指交错，压在对方的胳膊肘上，用全身的重量往下坠。当然，还可以看准对方两臂肘部的易发麻部位，用两只手掌由外向里拧，让对方的双肘相对，并使其猛力碰撞。也可以把对方双肘的外侧部分向上翘起（图 8-4-40）。

迅速下坐

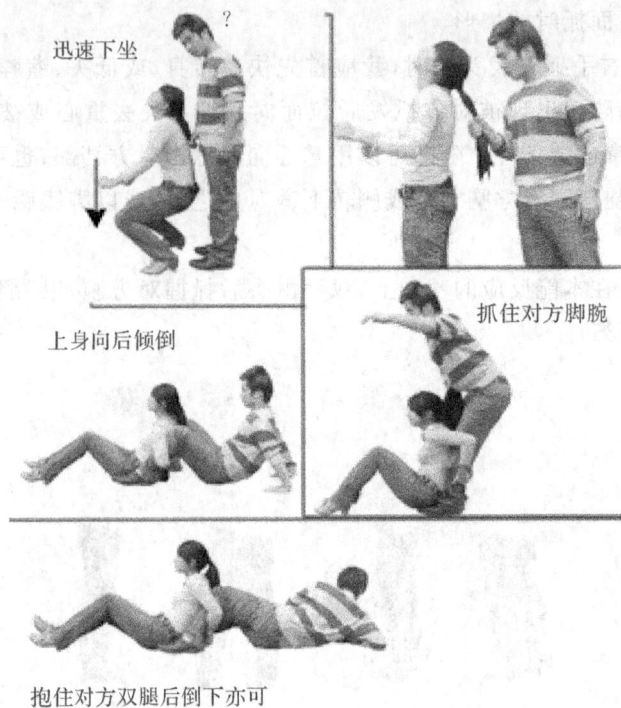

抓住对方脚腕

上身向后倾倒

抱住对方双腿后倒下亦可

图 8-4-36

以双手护脸为基本动作

最好能以双手撑其头部

图 8-4-37

小个子的人往往以其头相撞

也可以诱其进入怀中

图 8-4-38

图 8-4-39

（2）被从侧面勒住脖子的情形

①被从侧面锁住脖子时，可靠近对方手臂从后面向上移动。手臂插入对方的下颌处，猛劲向后勾。当对方松劲的时候，用脚勾绊其脚，将他向后摔倒。如果手伸不到对方的下颌处，可将手从后回绕到对方胸前，并将其向前摔倒（图 8-4-41）。

②也可用手抓其面部，若挣开，可从后击其头，或反按（图 8-4-42）。

（3）被从后面勒住脖子的情形（以被右手勒住为例）

①对方由后以右手锁住我喉时，我方应首先快速低头、缩脖、耸肩、收下颌，同时屏息憋气，手抓对方腕下拉外掰，或使劲收住下颌或把头歪向一侧，使耳朵靠在肩上。这样，以减缓对方手臂对我颈部的压迫，避免因喉被锁紧而出现呼吸困难、无力解脱、受制于对方甚至窒息昏迷的严重后果，为我实施解脱与反拿创造条件（图 8-4-43、图 8-4-43）。

②用右（左）肘侧后顶击对方腹、肋，左脚掌（脚后跟）后上撩踢对方裆，右脚后跟踩踩右脚背等方法击打解脱，也可在被对方后锁拉倒或我伪装窒息下坐后倒时，右腿顺势向后上踢击对方头解脱（图 8-4-45）。

③必要时，迅速降低重心用自己的双手，控制住对方夹颈的手，使其无法更用力勒紧，

下压对方双肘

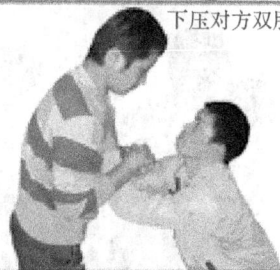

用力向内侧收紧
全力下坠

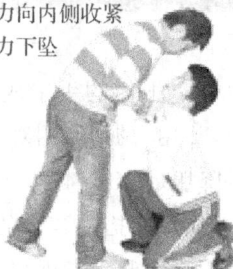

图 8-4-40

图 8-4-41

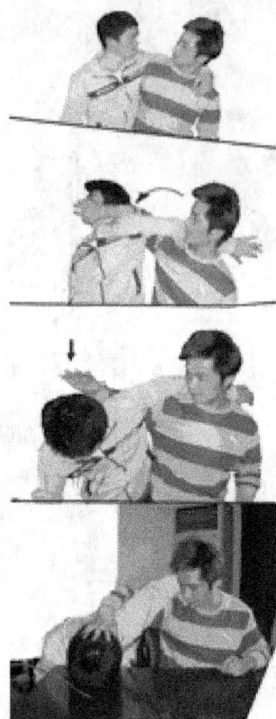

图 8-4-42

同时左腿后撤置对方的右腿后,腾出自己的左手绕过对方的右肩,推压对方下颌,随即右手抽搬对方右脚,左右手上下合力将对方摔倒,以解脱对方的夹颈(图 8-4-46)。

图8-4-43　　　　　图8-4-44　　　　　图8-4-45　　　　　图8-4-46

④也可以把你的手掌放到对方勒脖子的手背上,然后,使自己的手往前超过对方手的一个指节,并用力握紧,用对方的肘部与自己的肩部形成杠杆的形式,然后用力向下拉拽,逼迫对手降服(图 8-4-47)。

(4)被从后面掐住脖子的情形

只要用手掰起手指即可,也可以采取用头后部撞其脸,臀部前后运动控其裆部,以脚跟踩对方脚尖,并向后坐,使之摔倒这样的三段反击法(图 8-4-48)。

(5)被从一侧勒住脖子并被压倒时的情形(以被左手勒住为例)

当对手以左手从后面勒住脖子,右手从正面卡住脖子时,可用左手抓紧对方掐脖子的

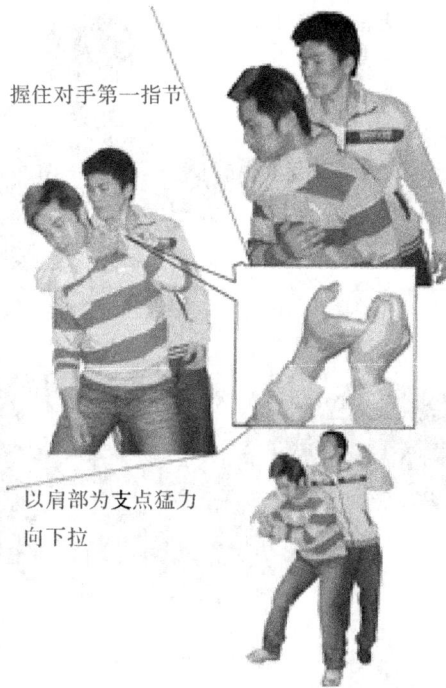

握住对手第一指节

以肩部为支点猛力
向下拉

图 8-4-47

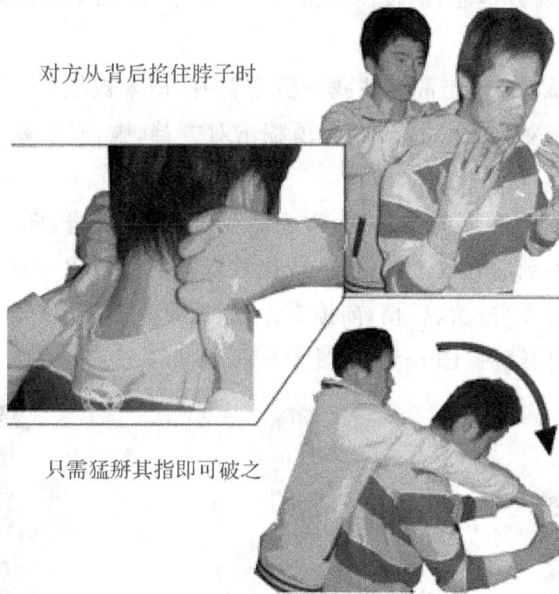

对方从背后掐住脖子时

只需猛掰其指即可破之

图 8-4-48

手腕，右手掰其下颌，使其上翘，同时抬起右腿，以腿向右下方勾其下颌（图 8-4-49）。

5.对方抱腰的解脱方法

（1）对方由前抱腰时的情形

①对方由前以双手抱住我腰时，我方应首先疾速撤步、弓身、沉腰、降低重心，以此来保

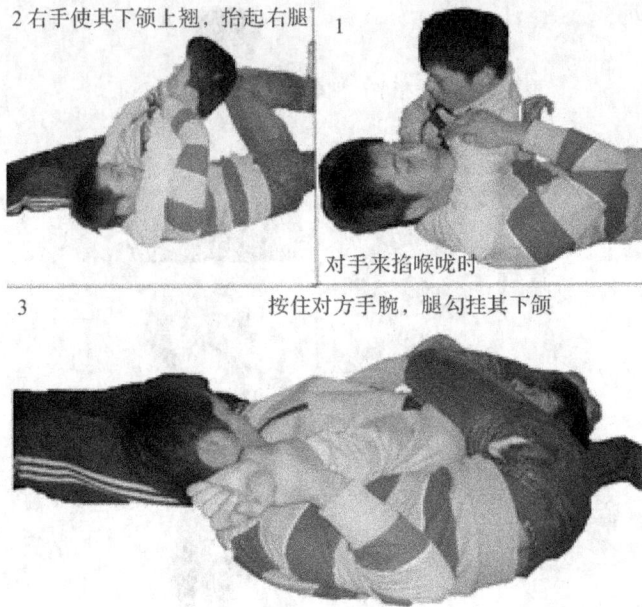

图 8-4-49

持我重心稳固和腰部的活动余地,同时减缓对方抱腰的冲力,增强对抱腰的抗力,避免出现被对方抱紧箍牢,或被对方抱起、折腰而失去身体重心和平衡的被动局面,为我实施解脱与反拿创造条件。

②当对方只抱住我腰,或连带抱住我一侧手臂时,用未被抱住的手臂,以前横肘(或砍掌)击对方颈,短直拳击对方头、肋,或以前顶膝击对方裆、腹,脚后跟踩对方脚背等方法击打解脱。

③当对方将我双臂与腰同时抱住时,以左右晃腰、向下缩身、向上架撑等方法,使我被抱双臂有所松动并滑移到适合攻击的位置,或使我双臂肘关节以下部位能自由动作。随即以砍掌(或透骨拳、短直拳)击肋、后腰,前撩掌击裆、抓腹等方法击打解脱。

(2)对方由后抱腰的解脱(图 8-4-50、图 8-4-51、图 8-4-52)

图8-4-50

图8-4-51

图8-4-52

①对方由后以双手抱住我腰时,我方首先两腿速向左右撑开,成马步下蹲,同时重心下沉,屏息憋气,紧腰撅臀,两手用力向下向外抓拉或撑按对方抱腰手臂,以保持重心稳定,减

158

缓对方抱腰紧箍压力,避免出现被对方抱起或被左右抡摆的被动局面,为实施解脱与反拿创造条件。

②针对对方抱腰不同情况,灵活采用以左、右后横肘连击对方头,左、右侧后顶肘连击对方肋、腹,以我手指甲尖扣掐勾挂对方手指甲根灰白部位,脚掌(脚后跟)后上撩踢对方裆,脚后跟跺对方脚背等方法击打解脱。

③必要时,针对对方不同抱腰情况,或上体前俯,两手向后下抓抱对方小腿向前上抽拉,同时臀部向下坐压对方膝关节,将对方向后坐摔倒地,顺势解脱或将对方反拿制服。

第五节　应急情况下快速武器制造法

在生活中遭遇歹徒,身边的生活物品可以临时作为防卫武器灵活运用。利用生活物品进行自我防卫应就地取材,反应迅速,下面介绍几种防卫技巧。

一、室内可用物件

(一)椅子

(1)椅子是室内最常见的物品,用做防身武器时最好握住椅子面,让椅腿阻止歹徒进攻。

(2)如果要攻击歹徒,击打目标下半身,不易被歹徒抓住。攻击后要马上收回椅子,防止被歹徒抓住。

(3)被对方抓住,立即踢歹徒下身。

(4)用椅子砸向歹徒脚下,阻碍歹徒前进,最好砸其小腿。

(二)餐具

(1)直接投向歹徒,要注意距离和准确性。

(2)餐具投向天花板,碎片撒在歹徒周围或身上,乘机用重物打击歹徒下肢关节。

(3)可将大的酒瓶摔在地上,以防止歹徒近身。

(三)油

将油泼到地上,阻止歹徒进攻。

(四)胡椒粉、面粉

将面粉、胡椒粉撒向歹徒,阻挡歹徒视线,制造走脱机会。

(五)开水

将开水泼向歹徒并趁机用水瓶猛击歹徒头部,直至歹徒倒下。

(六)杀虫剂

用杀虫剂喷向歹徒面部,扰其视觉再乘机下重手,或用打火机将杀虫剂喷出的药雾点着,喷烧歹徒。

(七)笔

把笔当做匕首用,效果也不错。手要握紧,笔尾在拇指一端,用笔尖划歹徒面部,戳对方手臂、颈部、面部。

二、室外可用物件

（一）沙土

遭遇危险时抓一把沙土在手，当歹徒靠近时，准确地撒向歹徒面部。

（二）石头、砖块

用石头或砖块砸向对方时，距离要近，控制在 2～3 米之内，或者不投出去，拿在手上当锤子砸击敌人。

（三）鞋子

当身边没有适合的武器时，女生如果穿高跟鞋可用鞋跟猛踩歹徒脚背，也可脱下鞋子握住前端用后跟击打歹徒头部、耳侧或手腕，用坚决抵抗的决心和胆识威慑歹徒。

（四）树枝

粗大的树枝可以攻击歹徒手腕四肢，细小的树枝可以刺向歹徒面部。

（五）提包

必要时可用提包阻挡歹徒进攻，寻找机会反击。要迅猛反击，寻求逃离机会，不要一味抵抗。

（六）外套

当对方持刀攻击时，可将外套手中挥舞，争取缠住或打落歹徒武器，转而攻击其要害部位，如裆部、小腹。

（七）钥匙

将一串钥匙中的一把夹在中指与无名指之间，露出钥匙尖端用以自卫。

（八）信用卡

将卡夹于食指中指之间，当歹徒上前时迅速划向歹徒面部、颈部，做到出其不意。

思考题

1.遭遇歹徒袭击时，应设法击打歹徒的薄弱部位有哪些？

2.举例说明本章采用的武术基本技术的具体运用，踢法、打法、摔法、拿法各举一例。

3.举例说明应对持械歹徒的防御技巧。

4.遭遇危险时的解脱防卫方法没有固定的模式，诸如被歹徒抓住头发或抱住腰时，思考有什么其他的解脱方法。

5.根据本章介绍的快速"制造"武器，结合自己的生活习惯和实际情况，思考更多的可用"武器"。

第九章　武术安全防卫战术应用

第一节　安全防御心理与安全防御意识

有效的防卫心理是紧急防卫战胜歹徒必不可少的精神力量，具备心理防卫能力是防卫制胜的前提，因为人的一切活动都是在心理活动支配下进行的，心理防卫素质的好坏，决定防卫技能的发挥，直接影响紧急情况下防卫策略的确立和实施。因此，在遭遇危险时，能够成功地防身自卫除必须具备一定的防卫技术、技巧之外，还必须具备有效的心理防卫素质。

心理一般是指人的感觉、知觉、思维、情感和性格等的总称。从心理学的观点来说，人的心理对其言论和行为有着很大的影响作用，它能直接控制人的情感和支配人的行为。因此，当遭到犯罪分子侵害时，所采取的一切言行都是在一定的心理支配下完成的。例如在防身自卫时的呼喊、指责、怒斥，与歹徒周旋、搏斗；或是对罪犯侵害表示出恐惧、软弱、退缩、求饶等行为，都是心理活动的外在表现。这种外在表现反映出一个人的内心状态，它对防卫后果有直接影响。当遇到坏人袭击时，被害人的心理因素起到很大作用，如果缺乏积极的防卫抗暴的心理素质，过于紧张、恐惧和胆怯，就会丧失抵御能力。心理防卫是能否保卫自己，战胜歹徒的思想基础，是能否成功地运用防身技术的保障。

武术有句谚语："一胆、二力、三功夫。"这里的"胆"就是指自卫者的防卫心理。当遇到危险时心理因素格外重要，它是战胜犯罪分子的前提条件。要想有效地保卫自己，抵抗犯罪分子，应当具备哪些心理素质呢？我们归纳为以下四个方面。

一、对于防身自卫技术，培养正确的学习心理

大部分人尤其女生在接受正规系统的自卫防身训练之前，对自己的格斗技术能力没有自信心，对学习格斗技术颇有疑虑，认为自己在面对又粗又壮、手中有武器而又不要命的歹徒时，任何格斗技术都没有用处，不如多花些时间去学习脱身技巧。这种想法是学习与应用格斗技术最大的心理障碍，必须克服，实际情况往往并不像人们所想象的那样。

第一，并非所有的歹徒都是粗壮高大得令受害者无法对付。实际上，多数歹徒都与正常人差不不多，有的粗壮一点，但绝非远远超出自卫者的能力。

第二，从生理解剖角度讲，肌肉力量大的要强于肌肉力量小的。但如果有足够的身体素质具备了一定的格斗技术，力量上的差别则可大大缩小，许多经过训练的女子都能打败未经训练的男子。

第三，遇到粗壮结识的歹徒，要打击其薄弱部位，如头、肋、裆、膝、肘等。一般自卫者用自己的拳、脚、膝、肘等部位对付歹徒，以己之强击彼之弱，对付歹徒并非不可能。

第四，尽管有的歹徒粗壮有力，但其力量必须在能抓住自卫者时才能发挥作用，若自卫者能使用各种技术与歹徒保持一定距离，歹徒的力量优势就会被抵消。

自卫者的自信心并非凭空而来，必须要有足够的知识、适当的身体素质、全面又熟练的技术及实际格斗经验作基础。因此在学习过程中，应该把增强格斗自信心，提高必需的身体素质以及学习和应用格斗技术几方面有机结合起来，使自身的防卫能力逐步提高，才能做到成功有效地防身自卫。

二、思想上保持高度的警惕性

在社会生活中，存在着各种各样的犯罪现象，犯罪人基于不同的动机，以不同的手段，实施不同的侵害行为，所以任何人都可能成为不法侵害的对象。据有关部门对侵害人身安全的案件调查发现：多数被害人是由于在案件发生前缺乏对坏人的警惕性，思想麻痹。因此，一旦罪犯突然出现在面前就慌了手脚，束手无策。因此，我们应当保持防范不法侵害的警惕，尤其是那些经常只身外出、夜间出行、单独住宿或者在相对封闭的场所工作的女性，更应随时随地保持高度的警惕性。

通过对人们思想状况进行了解发现，很多人对平时的警惕意识不重视，认为提高警惕，只是一种思想上的防卫，是虚的，只有真正学上几招儿，到时候才能用得上。所以，平时很少去考虑如何增强自己心理防卫能力。其实，有时案件现场条件对我们有利，假如平时思想上有所准备是完全可以免于被害的。提高警惕性，一方面预防受到不法侵害；另一方面一旦遇上不法侵害也有心理准备，可以沉着地摆脱甚至制服不法分子。

当然，这里所说的提高警惕，并不是要我们在日常生活中草木皆兵，精神过分紧张，而是面对犯罪分子的突然袭来，能有效地控制自己的情绪，克服恐惧心理，表现出英勇顽强、奋力搏斗的气概。

三、合理分析犯罪分子心理状态

在与犯罪分子搏斗时必须注意犯罪分子的心理变化。犯罪分子在作案时普遍具有惶恐不安的心理，听到一点声响便如惊弓之鸟，所以我们在实施防卫时要牢牢抓住罪犯的心理弱点，对方越心慌意乱，我们越要镇定，要利用高声呼叫、佯叫来人和拖延时间等手段，对犯罪分子施加心理压力，以寻找最佳的擒敌战机。同时还应迅速弄清罪犯心理变化的临界点。所谓临界点就是由一种状态转变为另一种状态的那个点，犯罪心理的临界点可以理解为由一个犯罪动机转变为实施犯罪行动的分界线。因此，我们要尽可能在其达到临界点之前采取必要的手段。对于罪犯的心理临界点，一般可以通过观察罪犯的神态、举止、行为、语言口气等方面来判断，如罪犯神态呈现犹豫不安、神态恐慌、左顾右盼，又迟迟不见攻击动作，或是攻击动作迟钝、无力，这说明罪犯内心矛盾重重，底气不足，此时犯罪动机虽已暴露、犯罪事实虽已成立，但罪犯心理尚未达到临界点，尚未达到完全失去理智的程度，其行为尚处于量变阶段，还没有突破"度"的制约。心理上尚有部分理智和抑制的因素存在。这时要立即采取用各种手段和策略遏制其行为动机,使其犯罪终止或将其制服。

除此以外,灵活的策略也是非常重要的,要随态势、场景和犯罪分子自身的变化而变化制敌策略。《孙子兵法·计篇》中说:"强而避之",对于强大凶猛的敌人要暂时避开他,避其锐气,寻找机会打击敌人。这里的避,并不是避而不打,而是避免不必要的无谓牺牲和受挫,避其锐气常常表现为以退求进,诱敌深入,待机采取突然迅猛的行动制服犯罪分子。遇到犯罪分子,首先要沉着镇定、机智果断地应变,然后再根据场景环境、势态变化及犯罪分子自身的情况采取灵活多变的策略。因此在与犯罪分子斗争中,了解犯罪分子的心理状态,掌握控制犯罪分子的临界点,对于灵活运用机动战术非常重要。

四、树立正确的防御心理与防御意识,坚定自我防卫信心

有不少人在遇到犯罪分子作案时,对心理因素在抗暴中的作用认识不足,固守着自己在生理上、体力上不如对方的思想,对自己所掌握防卫技能信心不足,从而产生了胆怯感,认为自己不可能与犯罪分子抗衡。这样,面对犯罪分子的袭击,首先在心理上的防线就瓦解了,这是罪犯的作恶得逞的一个重要原因。其实,从生理和心理上分析,一个身体健康,精神正常的人,面对犯罪分子,只要具有坚强的防卫心理,再掌握一些基本的防身技能,是完全有能力抵御侵犯的。有些人遇到犯罪分子不敢抗争,不是因为犯罪分子太强,而是自己太软弱。其实犯罪分子虽然貌似强大,却是做贼心虚,有他们怯懦的一面。在遇到危险情况时,只要消除胆怯心理,保持头脑冷静,敢于同犯罪分子作斗争,是完全可以战胜他们的。

因此,在我们的权利尤其是人身受到威胁时,必须克服畏惧、恐慌心理,应当鼓足勇气并充满信心地进行反抗。经验表明,对于不法分子,尤其是在暴力犯罪中,被害人的表现是影响犯罪能否完成的重要因素。如果被害人积极进行强有力地反抗就会使犯罪分子更加惊慌,不仅不容易加害被害人,反而可能被制服。可见,面对不法侵害,必须有临危不惧的斗志和坚韧的毅力,坚信正义最终战胜邪恶,即使遭到殴打受伤,也必须坚定信心顽强反抗。被害人意志坚定地搏斗与反抗,不仅是对不法分子的致命打击,也是保护自己人身权利的最有效方法。

防御意识是在遇到不法侵害时,能够正确果断地实施防卫行为,制止不法侵害,保护自己合法权益的主观条件。较强的防御意识包括有良好的心理素质,坚定的意志力,敏捷的反应能力,准确的判断力,冷静果断的处置力。也就是说,一旦遭到不法侵害时,必须克服懦弱和恐慌,保持冷静、沉着、机智、果敢。对自己所处的环境、侵害者的情况、存在的潜在危险及可能获得救助的希望和自我解救的可能等进行沉着的观察分析,果断地选择并决定采用相应有效的防卫对策。

(1)在遇到突然袭击时,应沉着冷静,不要心慌恐惧。心慌意乱则神无主,即使有浑身招法也无法运用自如。遇到突然的袭击,要沉着、冷静,正确判断来势,因势制宜。

(2)如果在气力上不如对方就要在战略上以假乱真、诱敌深入,以巧制胜。在技击上应多用借力、借势,避实就虚,借势打势,借力化力,出其不意,一旦得机则一鼓作气,连续反击,制服对手。

（3）战术上应根据对手的变化而采取相应的招法。俗话说："学有定数，用无定法"，必须掌握时机，忽左忽右，忽前忽后，变换步法，掌握交手时的主动权，也可做些假动作牵制对手，使其不知我之所动，无处寻机。

第二节　武术安全防卫的战术应用

遭遇危险时，要做到有效的安全防卫，不能仅靠蛮力猛打猛拼，除具备良好的防卫技术外，还应合理有效地运用战略战术。合理有效的战略战术对于技术的发挥，对于战胜罪犯保护自身安全，有着非常重要的意义。安全防卫要讲究智谋和对策，既有斗争性，又有策略性，根据事件发生与发展的具体情况，相应采取恰当的斗争方式。

一、安全防卫战术原则

1.利用一切手段

当受到袭击和侵害时，要毫不犹豫地选择一切可以利用的手段来保护自己，制服凶恶的歹徒。特别是与手持凶器的歹徒搏斗，生命危险之时，为了保护自己，应选择任何可以采用的方法，利用一切可以利用的手段，进行有效的防卫。但在运用技法击打歹徒要害的力度上，要掌握得当。

2.利用身体各部位

在防卫中大部分情况是近乎面对面的搏斗，因而要懂得利用平时很少使用的部位反击歹徒，特别要知道选择头（撞）、肩（顶）、肘（击）、膝（打）、手（掐）、指（捅）、脚（踏）等这些既简单又实效的方法和招式，竭尽全力打击歹徒薄弱环节。

3.击打要害部位

人体运动是在中枢神经的支配下以关节为轴，以骨骼为杠杆，以肌肉收缩为动力，伴随着全身的协调配合而产生的一系列动作。要使人体失去活动能力，就要采用各种手段击打歹徒脊柱等中枢要害，致使其昏厥或瘫倒；或者拿住歹徒某一关节部位，分筋错骨，使其疼痛难忍，达到拿一点制全身的目的。还可重击歹徒太阳穴、后脑、风府穴，颈两侧耳后（翳风穴）、咽喉，两肋、心口，肾俞、后心、会阴等要害部位，造成歹徒休克、窒息、晕厥、内出血，某器官破裂甚至死亡。无论在何种情况下，歹徒总会有空当或易受损伤的部位暴露出来，弱者要抓住这个机会对其空当或要害给予准确而有力的攻击，速见成效。

受害者在生命受到极大的威胁或万分危险的情况下，要采用准确、有力而适当的手法，以足够的力量打击歹徒薄弱环节或要害，这是在防卫中以弱胜强的重要技术手段。这一手段在防卫中起着至关重要的作用。

二、安全防卫战术具体要求

1.保存体力

在自卫中要注意保存体力，避免体力消耗过大，进而集中力量争取在短时间内达到"一招见效"。这表现在只付出必要的体力消耗,取消多余的动作和徒劳无效的反抗。在防卫时不要盲目的反抗挣扎,要集中精力,尽可能的牵制住歹徒,主动防御,突然反击,以巧取胜。

2.动作协调

协调是指动作本身和动作与动作之间要协调一致。无论从发力还是身体各部位的配合,以及动作细节上都要准确、顺达。协调是一种特有的能力,它可以使人体顺畅地运用技术技巧,充分地发挥技能,自如地调整和支配动作,随心所欲地运用。协调能力的好坏决定着速度、灵活、力量的发挥和准确性的程度。协调性差,会造成肌肉紧张,能量消耗增大、甚至出现动作僵硬,发力不充分,动作变形或失控,这样会使进攻无效,防守失误。另外,协调也直接影响到平衡,如受到外界冲击,会很容易失控。

3.反击有力

力量是肌肉紧张收缩时所产生出来的一种能量。力量的大小取决于肌肉质量的高低和肌肉快速收张的弹性或叫爆发力。女性与男性相比,由于肌肉质量和弹性差,所以爆发力也就相对差。因此,要求女性在防卫时做出的任何一个反击动作,都要竭尽全力,以最大的力量,争取达到最好的效果。

4.保持平衡

所谓平衡,就是人体在空间保持相对的静止能力。平衡能力是一种随时控制身体重心位置保持稳定的能力。这种能力体现在防卫的任何动作中。平衡不好,重心不稳,就容易在攻守进退的变化中失控,甚至倒地。平衡能力的好坏,往往取决于动作的协调程度,协调与灵活性好,平衡稳定性就强;平衡能力强,重心稳固,动作的配合也容易协调。因此,发力也就顺畅,动作也就自如。

5.动作快速

防卫中的关键在于速度,这种能力集中体现在反应速度和动作速度这两个方面。在防卫中首先做到反应快,判断准确,灵活多变。在防守或反击的过程中要做到灵活快速,随机应变。

6.把握时机

时机即是在时间上的机会。在任何防卫的过程中都存在着多种抵抗、反击、挣脱、逃离等自卫制敌的机会。如果这种机会把握准确得当,处理果断及时,在自卫时会占有一定优势。速度与时间的把握有着密切的关系。一旦发现机会,就要果断及时地发出快速的攻击。否则,时机把握不当,反击不及时,判断不准确,动作迟缓,就会防卫无效。

7.严谨快捷

在安全防卫中要尽量做到使每个反击动作严密而无漏洞。动作与动作之间衔接要紧凑、连贯,不要间断、松懈和停顿,而且动作要简捷、快速。

8.掌握距离

距离是指被袭者与袭击者之间的间隔,通常将这两者之间的攻防有效距离称之为实战距离,即一臂长或一腿长的距离。在自卫中要掌握好距离,并配合时机的控制才能使反击见效。歹徒在袭击时不可能是静止不动的,他要寻求机会,会不断地接近而达到目的。要根据歹徒在距离上的变化而相应地调整自己的站位和角度,并在调整的过程中,寻找最佳的反击时机,有效地利用距离去反击歹徒。

把握有效距离与抓住有利时机是密切相连的。距离合适而时机不成熟,会使反击落空;反之,时机得当,但距离不当,也会使反击失效。所以时机是条件,距离是基础,两者缺一不可。

三、安全防卫战术运用

1.出其不意,攻其不备

通过观察分析,准确判断之后,要抓住有利时机,善于利用各种条件,果断而快速地重击歹徒要害,使其措手不及。要做到这点,应充分发挥自己的特长,运用歹徒难以预料的手段,抢在其实施某种方法之前,达到"一招制敌"。其条件有三:一是判断准确,进攻果断,时机得当,乘虚而入;二是动作敏捷灵活,快速有力;三是方法娴熟、巧妙,把握性大,可靠性强。

2.扬长避短,避实就虚

在安全防卫中,要充分发挥自己的长处与优势,将自己的弱点隐蔽起来,避开歹徒的锋芒,发现歹徒的空当与劣势,给予有力地打击,从而以弱胜强。

3.虚实相生,声东击西

真真假假,虚虚实实,以假乱真,应机有生。遇实则虚行,乘虚而实发。以假动作或假意图迷惑对手,诱使歹徒上当。要做到这一点,就要将假动作做得真实可信而无漏洞,为真的意图打好基础。在配合上要做到声东击西,取上击下,晃左打右,虚以实生,假以真行。

4.以静待动,后发先至

这是一种防御反击的战术手段。运用时应冷静沉着,细心观察,给歹徒造成一种被动消极或者是紧张害怕的假象,当对方暴露意图即将发起攻击,或疏忽大意,忘乎所以时,应立即快速抢先击中歹徒。此战术实际是一种利用时机变被动为主动的方法。使用时要求防卫者必须具备敏锐的判断和快速的反应能力。而且在歹徒未发起攻击之前,就应该做好反击的准备。

5.弱引反击,诱敌深入

在安全防卫中采用这一对策是切实可行的。故意装出懦弱或降服的样子,不暴露任何反抗的意图,暴露出自己身体的某一部分,漏出自己的弱点与破绽迷惑对方,使其判断错误。这种对策属于主动积极的准备性防御,是预先计划好的引诱性防守动作。当歹徒认为有机可乘并做出反应动作时,迅速实施计划好的反击动作,会收到良好的效果。这一战术的运用关键在于示假而隐真。在防卫中假意识和动作要做得形象逼真,才能达到诱敌深入,设伏就范之目的。

6.利用携物,就地取材

当受到袭击时,应充分利用随身所携带的物品,就地取材,以加大力度,增加长度,对付歹徒。在进行安全防卫时可利用书包、手套、帽子、围巾、发卡、钥匙、皮带、手电、衣服、鞋子、雨伞、硬币、证件等一切随身携带的物品,以及周围任何可以作为攻击性武器的各种器物,以保护自己。

一般室内可利用自卫的主要物品有:椅子、餐具、厨具、工具、液体、化学药剂、卫生用品、化妆品、粉状物、球状物和文具等;一般室外可利用的主要物品有树枝、棍棒、砖、瓦、石块、土沙、石灰等粉状物。

7.抢占地形,借景借物

在安全防卫中要学会利用景物条件,占据有利地形来改变被动局面,从而争取主动,发挥优势,达到以弱胜强的目的。这一战术的实施主要体现在占领较高的位置,如台阶上、土坡上等,还有地处光线较暗的地方或背风处;或拐角处、墙边、车旁、树后、门窗后等有遮挡物的地方;以及街巷两端、路口等便于逃脱的地点等。对地形景物的利用与借鉴非常广泛,便于防卫者掌握运用。

8.呼救叫喊,声音刺激

呼救与叫喊是安全防卫中最普遍而常用的手段之一,这种手段的实施会对安全防卫起到积极的作用。这种声音绝不是一种下意识的带有恐惧的呐喊,而应该是一种有意识的带有壮威性质的,能起到震惊与威慑作用的一种强有力的声音刺激。

一方面呼救与叫喊对犯罪分子可以造成精神上的压力,对其心理产生威慑作用,促使其慌乱、紧张,难以实施犯罪手段,从而为实施和完成进一步的防卫手段创造有利机会,另一方面,呼救与叫喊还能起到赢得救援的作用,特别是在相对僻静处或封闭的空间内受袭时,这种手段就变得更加重要。因为袭击者在实施攻击之前的预谋阶段毕竟是靠主观推测,在客观上歹徒根本无法预料当时的具体变化或突然的外界刺激。因此,安全防卫时的突然呼救与叫喊不单是给歹徒一种声音刺激,而且还会引来援救人员帮助摆脱危险。另外,用语言配合叫喊可以起到引诱其产生错觉,分散其注意力的作用。如在歹徒逼近时大声呼喊"有人来了!"同时用意识或动作引诱对方转移其注意力,给罪犯一种突然的恐吓刺激。在歹徒做出某种错误反应的刹那间,刻不容缓地对准其空当发出有力的一击,争取主动,转危为安。

9.伺机反扑,偷袭逃脱

当防卫者意识到反抗已无济于事,再反抗就会更加危险时、应采取延缓时间,伺机反攻而后逃脱的战术对策。在实施时受害者可以突然停止反抗,表面顺从,迷惑歹徒,然后当其失去防备,忘乎所以,漏出破绽之时,受袭者应迅速出击,重击其要害。

10.拖延时间,更换地点

任何犯罪过程都是在一定时间和空间内进行的。拖延时间是利用时间这一客观条件达到缓解和摆脱困境的目的。而更换地点也是同样利用另一个空间条件来达到自护与自救目的。其手段与方法同样是在被动不利或危险的情况下假装顺从,然后寻找机会,以商量的口气求得犯罪人的同意,达到拖延时间,变换场合地点。通过这一简单的战术对策,可以使犯罪人处于被动不利的地位,对防卫起到积极的作用。同时,也可赢得时间,争取主动,为反击创造客观上的有利条件。

总之,在受到不法侵害和身处险境时,要想做到成功的防身自卫,使自己转危为安,必须具备良好的心理素质,发挥智能,合理地利用各种外界条件,灵活多变地采用多种战术技巧,战胜犯罪分子。这些战术能力在防卫中的体现并不是单一的,而是各种能力的综合展示与运用。成功的防卫战术是根据当时的具体情况确定相应的对策,充分发挥智能、体能和自卫技巧,这些能力的综合表现才是取得斗争最后胜利的最佳途径。

思考题

1.如何树立正确的防御心理与防御意识?
2.举例说明几种安全防卫战术。

第十章　不同职业人员必备的安全防卫常识

当我们不幸遭遇危险时,怎样才能将武术防卫技术正确合理地运用呢?除了掌握武术防卫技术和技巧外,还应具备一定的相关安全防卫常识。

第一节　财务工作人员安全防卫常识

一、财务工作安全常识

1.财务人员工作的特殊性

财务部门,每天都要收付大量现金,回笼的一部分现金需要贮存,以便在支付时使用,如果没有充足的资金,就不能保证现金的回笼和支付,公司也就无法保证货币的正常运转。财务人员保管的对象主要是指现金,也包括由现金派生的和现金有同等信用度的各种有价证券,如债券、股票,代替现金作为支付手段的重要凭证,如现金支票、汇票、转账支票等。包括现金的出纳、结算、储存保管以及回笼资金。其工作的主要对象作为特殊的商品——货币,是犯罪分子袭击的重要目标,一旦破坏得逞,势必造成重大损失。

2.预防不法行为的侵害

为确保安全工作顺利进行,首先要预防不法行为。违法犯罪行为是财务侵害因素中的主要因素。这种行为是主观故意的,绝大多数具有明确的目的性、计划性和预谋性。不法之徒为了满足自己的金钱欲望,利用各种非法手段攫取银行的资金,如盗窃、抢劫、诈骗等犯罪行为。从防范的角度看,安全工作因为难以预料因而具有一定的被动性。这主要是因为:保卫对象相对固定、目标明显,而侵害因素不定势、不定人、不定时,是一个不断变化发展,但又确实存在,随时可能出现的变量因素。从侵害因素和侵害的手段来看,有的凶残狠毒,有的狡诈诡秘,但基本上都是乘人不备,出其不意,突然袭击,使人们难以防范和制止。财务人员应该积极参加安全防卫事故教育,学习抗灾制敌的知识相应技能,学会运用各种简易防范器材以应付突发情况,通过提高个人防范能力加强财务保卫工作。

3.财务人员工作失职责任重大

财务工作人员首先要认识到工作的特殊性,一旦工作失职造成严重危害,责任重大。因此,首先要提高认识,自觉做好综合治理工作,严格执行规章制度,履行安全保卫责任制,避免失职。有关安全工作的一系列规章制度,是每一个职工做好安全工作的行为规范,必须按照规章制度的要求一丝不苟地履行个人在综合治理中的责任。每一个职工要经常检查自己落实安全保卫责任制的情况,通过自我检查,及时消除不安全因素。暂时的麻痹大意,无组织无纪律,不遵守规章制度可能会为违法犯罪分子开启方便之门,也可能导致财物的损失、设备的损坏、秩序混乱及各种恶性事故的发生。这在实施行为时,一般是无意的,但同样存在严重危害。针对这种情况,财务部门要制定严格的规章制度,建立一套科学完整、切实可行的重点目标保卫工作制度,并经常检查执行和落实情况。

4.加强必要的技术防范手段

为了避免安全隐患的发生,应加强技术防范手段。在建立围墙、门窗、防护栏等常规性的安全防护设施的同时,要根据需要和可能,努力发展现代化的防护技术手段。如安装防火、防盗、防抢劫等自动报警监控设施、闭路电视监控系统、无线电通讯网络系统、快速反应报警网络以及现代化通讯和交通工具等。

二、财务人员工作的应急预案

(一)应急预案的必要性

应急预案是部门事先制定的,在重要防卫目标发生危急情况时的紧急援救方案。所谓危急情况,通常是指重点防护目标发生抢劫、盗窃、火灾等突发性犯罪案件和灾害事故等。只有制定完善的紧急预案,并将预案的各项任务逐一落实,使部门的每一个职工熟悉自己在处置突发情况中的分工和任务,才能掌握处置突发情况的主动权,提高职工处置突发情况的能力。

(二)制订应急预案的原则

制订应急预案,要紧紧围绕各种侵害因素可能造成的后果,有的放矢地拟定计划,从而使应急预案能在危难时刻充分发挥作用。在制订应急预案时应遵循以下几个原则。

(1)合理合法原则

应急预案中所采取的措施必须是针对已经发生或正在进行的不法侵害。决不能针对主观臆造的情况,实施武力抗击或采取损害性的措施。在预案中准备采取的各种措施都必须在法律规范约束之内,更不得违反法律去拟定各种抗击措施。换言之,也就是方案中所规定的每一个措施都必须依法办事,决不能超越法律规定的权限和范围。

应急预案要根据不同的侵害程度采取不同程度的抗击措施。如制裁犯罪分子要在正当防卫的规范程度内进行,不得超过防卫限度,紧急避险也要在规定程度之内,不得采取可能超过损害程度的避险措施等。

(2)周密周全原则

在制订应急预案时,必须充分考虑可能出现的各种情况,并进行深入细致的调查研究,结合本单位、本部门的实际情况,制定在危难情况下的应急措施。要对每一种侵害因素的行为细节进行充分研究。譬如在制定抢劫案件的应急预案时,既要考虑到犯罪分子实施武装抢劫的人数、武器火力、交通手段,也要设想到恶劣气候和犯罪分子采取停电、断电、爆炸等手段,还要预计到人员伤亡,或孤立无援等各种情况,并针对种种可能性制定相应的应急措施,从而使应急预案更切合实际,实施应急预案的指挥员能够针对千变万化的危急情况,对预案运用自如,真正发挥应急预案的作用。

（3）灵活处置原则

应急预案只是一种预定方案,尽管充分考虑了各种情况,但与实际发生的犯罪案件和突发性灾害事故的情节不可能完全一致。因此,在制订方案时不要过分拘泥于一招一式,既要注意细枝末节,也要具有宏观指导作用,还要具有很大的灵活性。从而使所有参与人员在实际斗争中都能遵照预案中规定的总处置原则,结合实际情况灵活机动,因地制宜地采取最佳斗争策略,确保制敌抗灾斗争的胜利。

（三）应急预案的制定

每个单位重点要害目标的情况各不相同,单位内部员工、人员数量、素质也不统一,因此在制定处置突发情况的预案时,应当结合本单位的实际情况采取相应措施。

应对抢劫案件必须首先设立防暴组织,将整个反抢劫任务落实到小组的每一个人,再根据实际情况灵活处置。反抢劫防暴组织通常有以下方面:

（1）现场战斗组。主要是由所有当班干部、职工、保卫人员组成,主要任务是迅速报警,现场抗敌,缉拿罪犯。

（2）现金保护组。由储蓄、出纳、保卫等若干人员组成,主要任务是保护现金,迅速锁闭保险柜、金库或将现金转入安全地点,并时刻准备抗击抢钱的罪犯,确保财产的安全。

（3）救援战斗组。分为内援组和外援组。内援组由发案单位内部其他人员组成,其主要任务是:接到报警后迅速增援现场战斗组,追捕逃犯,负责现场保护等。外援组主要由公安、武警、联防单位等有关人员组成,接到报警后,火速增援,共同制敌。

（4）机动组。配备机动车辆和通讯工具,随时准备出动配合有关部门追捕逃犯。

（5）指挥组。防止特别重大的案件,应成立由单位领导负责的指挥组,组织协调各有关部门全力以赴,处置突发情况。

在成立上述组织的基础上,可根据各种可能出现的情况,制定各个小组的具体任务,以及每个人的具体措施,一旦发生情况能够临危不惧,团结一致,共同抗敌。

（四）制订应急预案的注意事项

（1）制订方案要防止雷同、片面

各种应急预案要根据不同的部位、不同的侵害因素、不同的发生时间,制定不同的方案。遇到突发情况时,充分发挥预案的紧急作用。

（2）要根据不同的方案制定不同的报警信号

报警信号能够迅速增加制敌抗灾的力量,因而必须十分重视报警信号的作用。不同的部位,不同类型的犯罪和灾害事故应规定不同的报警信号,以使增援人员能够迅速判明事件性质和部位,携带适用的器材实施增援,从而赢得宝贵的时间,为夺取胜利创造条件。

（3）明确现场指挥及其责任和权限

应付突发事件是十分艰巨而复杂的,牵涉到许多人员,单位和部门。尤其是重大案件,牵涉面广,情况繁杂。为了确保整体作战的胜利,在预案中必须规定指挥人员,通常是发生案件单位的最高负责人,并赋予其处置事件的职责和权限。所有人员和支援部门必须服从命令,听从指挥,令行禁止,团结一致,互相配合,夺取制敌抗灾的胜利。

（4）将预案中规定的任务分工到人

在紧急处置预案中所采取的每一项措施,每一个方案,都要具体规定到参加制敌斗争的每一个人,使每一个参与者在熟记整个方案的基础上牢记自己在突发情况下的任务、动作及其作用,在遇到突发情况时能够临危不惧,服从命令,听从指挥,完成自己所担负的任务。

（5）进行突发情况处置演练

制订预案后,在人人熟悉预案的基础上,要组织有关人员进行预案演练,根据预案中的假设情况进行实地演练。在演练中,所有参与人员既要熟悉总预案,更要熟记自己的任务,还要学会制敌斗争的技巧,以及有关的各类常识,提高斗争水平。一旦发生情况,人人都要勇于制敌,最大限度地减少可能造成的损失,确保财产的安全。

三、突发情况的紧急处置

犯罪和灾害事故是不以人们的意志为转移的。各级财务部门都有可能随时随地受到犯罪分子的袭击,因此,在做好预防工作的基础上,必须高度重视突发情况的紧急处置。一旦发生情况,全体人员能够临危不乱,按照预定方案泰然处之,最大限度地减少犯罪和灾害事故所造成的损失,忠实地履行财务人员的神圣职责。突发情况千变万化,处置措施也应因时因地而各不相同,下面着重介绍基本处置方法,以便在实际斗争中灵活运用。

（一）突发情况的紧急处理原则

为尽可能地摆脱险情或减少危害,若遇险情应做到以下几点:

一是沉着冷静。遇到险情能头脑冷静,临危不乱,不惊慌失措,及时判明情况,做出正确避险措施。

二是以人员安全为先,先顾人后顾物。遇到危急情况,应以保证人员安全为原则。

三是避重就轻。在紧急情况下,应尽量避开最大的危险与损失,而向无损失或危害较轻的方面努力。

（二）工作人员对紧急突发情况的应对

财务工作人员在工作中要做到:预防为主,严密防范,统一指挥,各负其责,敌变我变,适时对策,先发制敌,速战速决。

预防为主,严密防范,就是要高度重视突发情况给造成的危害性,把预防突发事件作为金融保卫工作的一项经常性的重要任务。要根据周围环境,联防力量,社会治安,犯罪手段,防范器材等各方面的情况,因地制宜地制定突发情况处置预案。要将预案中的任务和分工明确到人,并针对处理突发情况进行演练,提高保卫部门相关紧急处置能力,一旦发生情况,能够果断正确地处置,最大限度地减少突发事件的危害结果。

统一指挥,各负其责,就是在处置突发情况时,要坚定沉着,临危不乱,果断制敌。要根据预定分工处置,敌变我变,适时对策,突发事件不是一个模式,事先制定的紧急处置预案不可能与实际发生的敌情和灾情一模一样。因此,面对千变万化的情况,要适时调整对策,从实际情况出发,处置各类犯罪案件。处置突发情况的指挥者要及时根据情况的变化,灵活处置,不断调整策略,始终运用最佳方案和手段。

先发制敌,速战速决,是指任何一种突发情况,无论是敌意性的,还是灾害性的,尽管一般都有征兆,但大多数都是在瞬间内突然发生的,并且极易在很短时间内造成严重后果。因此,在处置突发情况时,必须先发制敌,速战速决。首先要善于发现事故征兆。通过各种手段和途径,发现图谋施害的犯罪分子和可能酿成后果的灾害事故,针对发现的蛛丝马迹,先发制人,采取有效措施将各种侵害行为消灭在萌芽状态。其次,在处置突发情况时,要以快制快,一旦发现情况,立即采取有效措施,迅速制服犯罪分子,将损失减少到最低限度。

（三）抢劫案件的紧急处置

抢劫案件是常见多发案件,安全危害性极大,且常常造成人员伤亡。所有发案单位的职工遇到此类紧急情况时,必须临危不惧,齐心协力,根据实际情况与犯罪分子斗智斗勇,制服罪犯。其基本处置方法如下。

（1）立即报警

一旦遇到犯罪分子袭击,应迅速运用各种方式,如使用有线和无线报警电话、联防电铃、声光报警器等通讯设备,迅速将发生的敌情报告公安、保卫部门、联防单位和本单位其他部门,以争取外援。报警的方式可以根据实际情况,或公开,或秘密,越快越好。

（2）团结抗敌

发案部门的所有职工应根据防暴预案的分工,齐心协力抗击犯罪。抗敌的方法应根据犯罪分子的人数,使用的凶器,身体素质情况灵活进行,通过观察分析,灵活采取抗敌斗争的方法和策略。

在运用各种方法时,必须尽力把犯罪分子堵在柜台外,如一人或多人持刀、棍等凶器,应大义凛然,厉声斥责,规劝其中止犯罪。与此同时,利用争取到的时间,迅速采取制敌措施。如系持枪作案,应视情况进行对话和周旋,并秘密报警,拖延时间等待外援,或立即抛洒石灰粉,喷射催泪剂,进行高音报警。如果犯罪分子进入柜台内,全体人员应利用地形同犯罪分子作殊死斗争,并尽量在犯罪分子身体上留下印记,如伤痕、颜色、气味等。

（3）保护现金

在抗敌斗争的同时,要立即将营业款项放入保险柜并锁闭,并妥善处理钥匙,让犯罪分子无法抢劫现金。无论在多么危急的情况下,也绝不应交出存放现金的保险柜钥匙,以确保财产的安全。

（4）保护现场

如果将犯罪分子捕获,应捆绑结实并防止逃跑。如犯罪分子逃窜,一部分人员应协助有关部门或周围群众追捕逃犯。另一部分人员应立即抢救伤员,保护现金安全,并防止无关人员进入或破坏现场。同时要迅速向公安机关、保卫部门反映案情,协助破案。

第二节　机关办公室人员安全防卫常识

近些年,党政机关办公室成为盗窃分子侵袭的一个重点目标,偷窃办公室、撬盗办公桌的案件增多,发案率上升,且犯罪分子又多是连续犯罪,反复作案,多为串案大案。由于一些党政机关管理制度松弛，犯罪分子采取白天溜门子顺手牵羊，夜间撬盗办公室，以办公桌、文件柜为重点部位，屡屡作案。被盗的既有现金证券、外币首饰、贵重器材，又有印信证件、机密文件，危害严重。

针对目前党政机关被偷被盗案件增多，防盗工作存在许多漏洞隐患，强化机关安全防盗工作，首先应从提高工作人员警惕性，增强自防意识做起，时刻注意防盗，机关办公室人员做到随手关门，下班时及时锁门关窗。其次要从整顿机关内部秩序，健全机关安全保卫制度抓起，机关防盗要"严"字当头，堵塞漏洞，消除隐患，严格保卫措施，严密出入制度，严守值班岗位，严把进出大门。再次要修筑必要的安全防护设施，把人防、物防、技防有机结合起来，提高整体防盗效能。

一、党政机关必须严格执行值班制度

从大多数被盗机关单位看，虽然都制定有值班和安全责任制度，但是普遍存在的问题是制度写在纸上，贴在墙上，多数没有认真执行。没能真正落到实处，流于形式，漏洞很多。机关中的值班人员又多为年老体弱者，防盗意识和防卫能力差，责任心不强，漏岗、脱岗现象普遍。代班者也多为挂名轮值，有名无实，不到岗、不检查，值班人员夜间不巡查，守在值班室，活动范围小，有效视控面较窄，难以发挥防火防盗、保卫机关安全的作用。有的犯罪分子说，偷盗机关办公室，只要白天踩好点，选好潜入口，夜晚进入机关大院如入无人之境，行窃易于得手，夜间潜入办公室行窃，撬桌子、别卷柜。因此，严格执行值班制度，落实值班人员的责任，加强流动巡查，是防止机关办公室夜间被盗的有效措施之一。同时，下班后必须严格执行办公楼出入制度，工作人员夜间加班要限定离开时间，家属子女晚间不准进办公室学习、游戏，楼内不准留人住宿，特殊情况需留宿时应通知值班人员。值班人员要按时逐层逐室进行检查，防止犯罪分子潜藏在楼内留下后患，以确保办公楼的安全。

二、要严格把好出入大门关

犯罪分子常常以找人为名进入单位，然后伺机作案。有的逃避会客登记，有的虽然登记，但都是假名假姓，事后查找困难。门卫、收发室是进出机关、单位的必经之路，收发人员是接待来客、守护楼院、维护办公秩序、保卫机关安全的专职人员，其职责是忠于职守。严格执行机关出入、办事制度，接待、指引外来办事人员，保证机关正常业务活动的开展，防止无关人员混入机关楼院。在实践中，有不少机关管理制度松弛，单位的门卫、收发人员不负责任，工作懈怠，门卫、收发室形同虚设。对出入的生人不闻不问，任其通行无阻。有些门卫、收发人员还常以貌取人，有些犯罪分子正是抓住这一规律，经常是西服革履，甚至穿着军服、警服等工作制服，大模大样地进出机关、单位。因此，犯罪分子钻空子，浑水摸鱼，屡屡进入机关单位进行盗窃活动。为了保卫机关安全，免遭盗窃犯罪分子的侵害，各单位门卫、收发人员要严格执行门卫制度，切实把好进出机关大门这一关。要恪尽职守，凡进入办公楼院者一律按制度办事，不马虎从事、不以貌取人。机关工作人员凭工作证出入。外来人员一律出示工作证、介绍信，待验证登记后放行。会客找人者，先以电话传达，在指定地点接待，不准在办公室会见私客。

三、多家单位混合的办公楼院更要注意防盗

有的盗窃分子趁多家机关单位混合办公的楼院，由于门口挂的牌子多，出入办事人员杂，秩序乱，漏洞多，选此为盗窃目标，一般会轻易得手。这是盗窃犯罪分子从犯罪实践中摸索出来的经验，也暴露出有些机关单位安全保卫工作中存在的问题。机关单位来往人员杂，各单位工作人员之间互相不熟悉，门卫、收发人员不易辨别，难以管理。机关安全保卫工作又都互相依赖，互相推诿。犯罪分子正是钻这个空子，窜入机关单位行窃屡屡得手。针对上述安全防范工作中存在的问题和漏洞，凡是多单位混合办公的楼院，更要特别注意防护，必须集中管理机关的安全保卫工作，统一门卫保安制度、统一管理门卫、收发、值班人员，严格执行进出办公楼院的门卫验证登记制度。针对单位多、人员杂、互不认识的实际情况，凡本楼院各单位工作人员一律凭工作证或出入证出入；外来人员一律凭介绍信、身份证登记后准入。

四、下班后要严闭办公室门窗

党政机关、企事业单位办公室屡屡发生被盗的一个常见原因，就是门窗关闭不严，防护措施薄弱，使犯罪分子钻了空子。通过分析发生的被盗案例可知，有些机关单位的工作人员，思想极其麻痹，防盗意识淡薄，认为机关这个"衙门"本身就避邪，应当安全无事，下班时不关闭办公室的门窗，或者只锁门、不关窗。有些门窗插销损坏，玻璃破碎，长期不检修、不换补，关窗不严，形同虚设，留下漏洞和隐患。特别是有些单位的办公楼一层邻街的窗户大都没有安装铁栅栏。所有这些安全防范上的空隙和漏洞，都易被犯罪分子所利用。如果门窗玻璃坏掉应及时换装，如果没有及时换装，虽然锁了办公室门，犯罪分子可伸手打开门锁。楼房一层办公室的窗户，应普遍安装防盗护栏，经常检修门面，随时更换失效的插销和换装破碎的玻璃，消除隐患。下班时人走室空，一定要紧锁门窗，每个工作人员，特别是最后一个离开办公室者，都要自觉地检查门窗，锁好房门，不给犯罪分子留下可乘之机。

五、机关办公室人走室空必须锁好房门

盗窃机关办公室的犯罪分子，其活动规律和犯罪特点，主要是夜间作案多以撬盗办公桌、卷柜为主；白天行窃则以串走廊、溜门子，溜到办公室顺手牵羊为主。犯罪分子白天偷盗机关办公室财物，主要是利用某些机关、团体管理混乱，制度松弛，以办事、找人为名混进机关办公大楼到处乱串，选择目标，寻找空隙，伺机行窃。他们趁某些干部、工作人员思想麻痹，上厕所、打水、开会、找人、接电话等离开办公室外出不锁门、不关门之机，溜门而进，或窃取桌面上的财物匆匆而去。为了防止犯罪分子溜门子，偷东西，除了加强门卫、值班制度，整顿机关秩序以外，提高全体关工作人员的防盗意识，克服侥幸心理尤为重要，人人养成防盗的良好习惯。

六、办公室午休时间要警惕窃贼溜门子

某些党政机关、群众团体、企业事业单位办公室被盗的教训是深刻的，原因是多方面

的,但主要是思想麻痹,制度松弛,管理不严。进出随便,则是普遍存在的问题。特别是午休时间,各单位办公室空隙大,漏洞多,是盗窃案件的多发时间。据一个专偷机关办公室物品的盗窃分子供称,午休时间,机关停止办公,多数干部、职工都离开办公室,少数不在食堂就餐者,也都习惯聚到一起吃饭。饭后有的在会议室、休息室看报、打扑克、下象棋。此时,多数办公室的门不关不锁,收发等人员也已下班,进出机关很少有人过问,这就为盗窃犯罪分子溜门子行窃提供了方便条件。为防止机关办公室被盗案件的发生,各单位要加强午休时间的安全保卫工作、收发室要设专人值班、在非办公时间严禁外人进入机关。全体科室干部、职员要时刻保持防盗意识,坚持机关安全保密制度,下班前要清理好财物、印信、文件、锁好金库、卷柜、抽屉,带好钥匙。少数留在办公室休息、用餐的人员要切实负起责任,离开时关好门窗,以防被盗。

七、办公桌、卷柜中不宜存放现金

一些专门盗窃党政机关、企事业革位办公室的犯罪分子,他们之所以能够屡屡得手,每次作案都有利可图,一个重要的原因,就是有些机关单位财务管理制度混乱,在办公桌抽屉里、木制卷柜中存放大量现金、外币、有价证券,以及照相机、摄像机、录放机、录音机、对讲机、移动电话、录像带等贵重物品,成为吸引犯罪分子的诱饵。

为了预防盗窃机关办公室案件的发生,避免和减少不必要的损失,建议各党政机关、企事业单位必须严格执行财务管理制度和现金管理规定,对经营收入、罚没款项、有价证券等,要统一存入单位财务金库,或存入银行,业务活动中使用的摄像机、照相机、录放机、计算器等贵重物品,要有专人负责,明确责任,切实管好。下班后要统一存放于设有防盗报警装置的库房或专用保险柜中,不要分散于个人手中,不准随手乱放,以防给犯罪分子造成可乘之机。

八、私人的钱款不要存放在办公室

党政机关、企事业单位的办公室,通常情况下只是存放笔墨纸张、文书档案、图书资料、文电函件、办公用品的地方。但是,从许多机关办公室被盗案件的分析结果来看,近些年有些单位的办公室中,违反现金管理制度,存放现金、证券的现象比较普遍,不仅如此,而且机关干部、工作人员的私人钱款,也存放在办公室。犯罪分子潜入机关办公室一般都不会空手而归,由于有利可图,自然就刺激其贪婪的欲望,强化其犯罪心理,加速其作案频率,这也是办公害被盗案件多发的一个不可忽视的原因。因此,广大干部、职工不宜将个人的财物存放在办公室里,要把钱币存到储蓄所,以防被犯罪分子所窃取。

九、公章、印信要存放于专用保险柜内

党政机关、企事业单位的公章、印鉴、文件、介绍信等都是重要机密,历来要求专人负责,严密保管,防止丢失泄密。但是,从屡屡发生的机关办公室被盗案件看,除了贵重财物始终是犯罪分子重点猎取的目标之一,也常伴有公章、印信被盗事件发生,它反映了有些机关单位保密工作松弛。印信保管不严、公章以及盖了章的有效介绍信、证照、税票等随便放

在办公桌里,或锁在写字台或卷柜中,以致被犯罪分子所窃取。这些物品一旦被盗损失更大,危害更重,它可能被犯罪分子所利用继续进行犯罪,行凶作恶,其后果难以想象。有的犯罪分子利用盗得的印信开具假证明、介绍信,假冒身份,冒名顶替,到处招摇撞骗,销赃卖赃,掩护犯罪,造成严重后果。为此,在同盗窃办公室犯罪的斗争中,要认真总结经验,吸取教训,把加强机关保卫工作和检查整顿保密工作结合起来进行,加强对机要人员的保密教育,建立健全和严格执行各项保密规章制度、公章、印信、有效的证章、票证必须专人负责.严密保管,一定要存放于专用保险柜、金库之中。公章、印信,都不允许放在办公桌或普通卷柜中,严防被犯罪分子盗取,如因保管不善而被盗者,应据情追究责任。

第三节　酒店物流等服务人员安全防卫常识

一、酒店安全隐患特点

经济的发展,人员的流动,加速了我国旅馆酒店业的发展。目前我国高级宾馆按照宾馆的建筑设备、规模、服务质量、管理水平,并参考国际上的等级标准,可以划分为一星、二星、三星、四星、五星等五个等级,主要是接待外国友人、华侨、港澳台同胞等,具有涉外性质,同时大部分接待国内客人。除了星级宾馆以外,大中小旅馆数量很多,对繁荣社会经济、文化、旅游起了重要作用,但同时也往往为犯罪分子所利用,发生侵害案件。主要有以下几方面特点:

1. 以找人为名,窃取财物。犯罪分子常常以找客人为名进入旅馆,然后伺机作案。有的逃避会客登记,有的虽然登记,但都是假名假姓,事后查找困难。

2. 利用同室外出,进行作案。有的旅馆为了适应大众的要求,每一房间配备的床位较多,每一床位的客人互不相识,盗窃分子就利用同室人外出办事、旅游、娱乐的时间,进行作案。

3. 欺诈哄骗,谋取财物。诈骗分子利用人们"出门靠朋友"的传统心理,故意攀谈,施以小恩小惠或某种许诺,骗取被害人信任,到达作案的目的。

4. 乔装作案。在一些大宾馆或大饭店中,经常有犯罪分子装扮成港澳台或华侨客商,掩护自己的真实身份,然后大模大样地走进宾馆,窃取旅客财物。

5. 以色情为诱饵,探明则源,实施抢窃。犯罪分子对某些外来采购、旅游、出差人员采取色情引诱,一旦上钩,就进行盗窃抢劫,被害人羞于脸面,往往不报案或不谈实情。

6. 利用旅店奸宿,甚至强奸犯罪。早已绝迹的卖淫活动悄悄抬头,一些意志薄弱的人被暗娼拉下水,有的几男几女同室淫乱,有的犯罪分子胆大妄为,在旅店强奸妇女。

7. 利用旅店进行赌博。有些犯罪分子常在旅馆赌博,边吃喝玩乐,边进行赌博,甚至在大宾馆里包房赌博。

8. 有些流窜犯罪分子改变过去食无定点、居无定处的做法,追求高档次的现代化生活方式,大都以大旅店作为享乐腐化、落脚藏身之地。

二、酒店旅馆工作人员的安全防范

旅馆必须建立安全设施,其房屋建筑、消防设备、出入口和通道等,必须符合《中华人民共和国消防条例》等有关规定,并且要具备必要的防盗安全设施。

酒店旅馆工作,必须遵守国家法律,建立各项安全管理制度,设置治安保卫组织或者指定安全保卫人员,接待旅客住宿时,必须登记,查验旅客的身份证件,按规定的项目如实登记,谨防不法分子混入旅馆。应当设置旅客财物保管箱、柜或保管室,指定专人负责,保管好旅客的贵重财物、现金等。对旅客寄存的财物要建立登记、领取和交接制度。对旅客遗留的物品,应当妥为保管,设法归还原主或揭示招领,经三个月无人认领的,要登记造册,送当地公安机关按拾遗物品处理。对违禁物品和可疑物品,应当及时报告公安机关处理。要严禁旅客随带、收藏易燃、易爆、剧毒、腐蚀性和放射性等危险物品;严禁卖淫、嫖宿、赌博、吸毒、传播淫秽物品等违法犯罪活动。旅馆内,不得酗酒滋事,大声喧哗,影响他人休息,旅客不得私自留客住宿或者转让席位。

不要为陌生人寄存物品。害人之心不可有,防人之心不可无,许多盗贼为脱手销赃,往往利用他人的同情心找借口将赃物寄存与他人;或采取钱物兑换手法,或采取调包法行骗,有意先让工作人员看到包内的贵重物品,趁不注意时再换上他物。然后他还会反咬一口,污蔑丢了财物,所要现金。更不可轻易以钱兑物,或以物兑钱。

三、物流社会服务人员安全防卫常识

(一)安全预防为主,是工作的指导思想

物流是物资有形或无形地从供应者向需求者进行的物质实体的流动。具体的物流活动包括包装、装卸、运输、储存、流通加工和信息等诸项活动。在日常生产、生活中无不涉及安全问题。安全性贯穿物流全过程,要有确切的预案和合理的解决方案。

(二)做好物流连安全保障,确保物流工作安全

物流系统按其流动性称之为物流链 。物流链安全保障归结为三部分,即运送作业(包括运输、装卸搬运和配送作业)保障、存储作业保障和增值作业(包括流通加工、包装和信息服务作业)保障。运送作业保障可以通过交通运输安全保障体系、交通规划与管理技术和货物保存技术综合运用来实现。存储作业保障可以通过货物保存监控和货物偷盗监控技术来实现。增值作业保障可以通过物流中心全方位监控技术和网络通信安全、EDI安全技术加以解决。这三大模块最终通过 GPS 远程全过程监控系统的接口相连构成一体。在实际应用当中,物流过程各部分监控信息被物流链保障体系操作平台调用,根据是否产生问题及是否有安全隐患由操作平台调用相应保障模块,并将问题及调用情况返给物流各部门安全管理人员,使其保持协调配合。

仓储安全设备主要由闭路电视监控系统、门禁系统和闯入报警系统等组成。运输安全中的陆运如卡车运输安全可以通过加强车辆自身防护,如使用可封闭的箱式车装载价值较高的货物;行车时锁闭驾驶室门和车厢门;给驾驶室安装对讲机或配备手机等方法和 GPS 全球定位系统来保证。空运安全中的仓库安全特别重要,采取方法同仓库安全设备。另

外,由于空运流程涉及多方主体,在货物交接时加强双方清点检查的同时还应加强各环节的监控特别是闭路电视监控。海运安全相对来说比较简单,主要以控制仓库安全和拆箱过程为主,但还是应该有闭路电视等安防设备。

运送作业流动性大,是犯罪分子侵袭的重要目标,必须加强组织。对押运人员、运送车辆及往返路线、安全规定以及重要物品的装卸,都必须周密组织、细心实施,保证贵重物品在周转环节中的安全。贵重物品在运送过程中,始终处于运动状态,由于各种情况和原因,其防护力量和措施相对较弱。近几年,屡屡发生抢劫案件。因此,必须高度重视运输环节,采取得力措施,加强运输护卫力度,完善装卸手续。在运输途中必须保持高度警惕,随时准备处置突发事件。

思考题

1. 结合本章所学内容,指出我国法律规定正当防卫的条件,并指出在什么情况下属于防卫过当,在什么情况下可以行驶无限防卫权?

2. 指出武术安全防卫的战术原则及具体战术要求,能够真正掌握并灵活运用。

3. 财会专业同学根据本章所学知识自己设计一套临场处置突发抢劫的紧急预案。

主要参考文献

1.邬建卫.传统保健体育学(武术·太极·功法).成都:四川科学技术出版社,1994.

2.陈邦军.女子防身术.北京:高等教育出版社,2005.

3.李泰良.女子防身术.成都:四川人民出版社,1988.

4.张文广.女子防身术.郑州:河南科学技术出版社,1986.

5.文关明.青少年武术健身法.广州:岭南美术出版社,1986.

6.刘学周.健康新概念.郑州:中原农民出版社,2002.

7.盛渊.天行健　人自强——中国武术.沈阳:沈阳出版社,1997.

8.刘雪松.中国武术与传统文化.北京:北京体育学院出版社,1990.

9.张定平.武术.合肥:合肥工业大学出版社,2002.

10.汪佩琴.浅谈武术保健.北京:人民卫生出版社,1987.

11.文牧.跟我野外游.合肥:安徽科学技术出版社,2004.

12.董金明.女子避险解危术.北京:警官教育出版社,1999.

13.胡金焕.防身术.福州:福建科学技术出版社,1986.

14.杜仲勋.自卫防身术.北京:北京体育学院出版社,1990.

15.李泰良.女子防身术.成都:四川人民出版社,1986.

16.吴信详.实用女子防卫术(修订本).成都:四川科学技术出版社,1989.

17.罗念钟.当代青年防卫大全.南昌:江西科学技术出版社,1988.

18.安在峰.防抢防盗护身术.北京:北京体育大学出版社,1994.

19.张广德.擒拿百则.北京:中国展望出版社,1987.

20.韩建中.实用擒拿法.北京:人民体育出版社,1999.

21.吴心.自卫防身绝招.北京:北京体育学院出版社,1989.

22.陈工.怎样防范暴力犯罪.北京:人民体育出版社,1999.

23.吴信详.实用防身秘术.北京:北京体育学院出版社,1992.

24.徐友安.女子防暴术.北京:北京出版社,1990.

25.骆红斌.武术.北京:高等教育出版社,2006.

26.杜仲勋.自卫防身术.北京:北京体育学院出版社,1990.

27.林子琳.应付暴力的最佳防身术.北京:正义出版社,1993.

28.[日]古贺美久操著,冯峰等译.秘密防身术.上海:同济大学出版社,1989.

29.吴忠农,张华达编著.踢打摔拿——中华武术四大技击法.北京:北京体育学院出版社,1992.

30.张谢平,宋君来,李菲.女子防身术.北京:农村读物出版社,2005.

31.王爱博.人体要害暴力损伤与救治.北京:警官教育出版社出版,1990.

32.蒋乃平.中职生安全教育知识读本.北京:高等教育出版社,2006.

33.王汉民,孟晓乐.大学生安全教育(21世纪农业部高职高专规划教材).北京:中国农业出版社,2006.

34.广西壮族自治区课程教材发展中心编.中等职业学校学生安全教育读本.海口:南海出版公司,2005.

35.孙洪昌.大学生安全教育读本.桂林:广西师范大学出版社,2001.

36.国家体育总局健身气功管理中心编.健身气功易筋经五禽戏六字诀八段锦.北京:人民体育出版社,2005.

37.吴阿敏.健身太极扇.北京:北京体育大学出版社,2005.

图书在版编目（CIP）数据

高职武术健身与防卫 / 徐培文，杨建英主编. —杭
州：浙江大学出版社，2012.5（2021.2重印）
ISBN 978-7-308-09604-1

Ⅰ.①高… Ⅱ.①徐… ②杨… Ⅲ.①健身武术－高
等职业教育－教材②防身术－高等职业教育－教材 Ⅳ.
①G85

中国版本图书馆 CIP 数据核字（2012）第 016248 号

高职武术健身与防卫

主　编　徐培文　杨建英

责任编辑　葛　娟
封面设计　十木米
出版发行　浙江大学出版社
　　　　　（杭州市天目山路 148 号　邮政编码 310007）
　　　　　（网址：http://www.zjupress.com）
排　　版　杭州中大图文设计有限公司
印　　刷　广东虎彩云印刷有限公司绍兴分公司
开　　本　787mm×1092mm　1/16
印　　张　11.75
字　　数　305 千
版 印 次　2012 年 5 月第 1 版　2021 年 2 月第 5 次印刷
书　　号　ISBN 978-7-308-09604-1
定　　价　32.00 元